CHAVILLE

HISTORIQUE

PAR

M. L'ABBÉ DASSÉ

CHAVILLE

CONSTANT HÉNOT

88, Grande-Rue, 88

PARIS

RENÉ HATON, LIBRAIRE-ÉDITEUR

35, Rue Bonaparte, 35

CHAVILLE

HISTORIQUE

Permis d'imprimer

le 3 *Mars* 1897.

† PAUL, évêque de Versailles.

TYPOGRAPHIE FIRMIN-DIDOT ET Cie. — MESNIL (EURE). — 6196

1. — Portrait de Michel Le Tellier, chancelier de France,
seigneur de Chaville (1617-1685).

M. L'ABBÉ DASSÉ

CURÉ DE CHAVILLE

CHAVILLE

HISTORIQUE

« Je voudrais qu'on enseignât, avant l'histoire des Romains et des Grecs, l'histoire du pays,
du village, car le plus petit village a son histoire ;
qu'on développât par tous les moyens, chez les
écoliers, l'amour de la terre et du clocher. »

(MISTRAL.)

CHAVILLE	PARIS
CONSTANT HÉNOT	RENÉ HATON, LIBRAIRE-ÉDITEUR
88, GRANDE-RUE	35, RUE BONAPARTE

1897

CHAVILLE

CHAPITRE PREMIER

ORIGINE DE CHAVILLE

Aux premiers siècles de notre ère, la partie ouest de Paris était couverte de forêts.

Dans ces forêts, peu à peu, çà et là, parurent des villages. Au sixième siècle, on trouve Saint-Cloud (S. Clodoaldus), Issy (Isciacus), Chevreuse (Cavrosa), Jouy-en-Josas (Gaugiacus), Ursines (Idcina) (1).

Chaville ne parut qu'au neuvième siècle. Ce ne fut d'abord qu'une maison de campagne qu'y établit, vers l'an 800, l'évêque de Paris, nommé Inchadus ; d'où le nom « Inchadi villa » qui, dans la suite, est devenu « Chadivilla » et « Cativilla (2). »

Les évêques de Paris possédèrent longtemps cette

(1) *Atlas hist. de Longnon*, 2ᵉ livr., p. 112. — L'église et le village d'Ursines, situés près de Chaville, disparurent vers l'an 1674. Michel Le Tellier, seigneur de Chaville, fit relever l'église paroissiale à Velisy. L'église était sous le vocable de Saint-Denis. En 1467, le village ne comptait que 40 habitants environ. On voit encore au frontispice de l'église de Velisy les armes des Le Tellier.

(2) *Hist. du dioc. de Paris*, abbé Lebeuf, VIII, édit. 1757.

villa et ses dépendances, car nous voyons Odon de
Solliaco (1), qui occupa ce siège de 1196 à 1208,
louer sa maison de Chaville « que des fossés entou-
rent » à Archembaudus de Villa-Dauren (2).

En juillet 1228, c'est Vitte, évêque de Paris, qui
confirme la vente faite à l'abbaye de Saint-Victor, par
Jean Mareschallius, de Jouy, et son épouse Marie,
moyennant cent livres parisis, de la dîme qu'ils
possédaient à Chaville et à Ursines, tant en blé qu'en
vin, comme étant sur le territoire de l'officialité de
Paris (3).

Enfin, le 16 août 1269, nous voyons Roger de Ville-
d'Avray faire hommage à l'évêque de Paris pour sa
maison de Chaville, ses dépendances et sa grange (4).

De Valois, dans sa notice de la Gaule, fait dériver
Chaville de « caput villæ ». Un pouillé du dix-huitième siècle traduit par « Calida villa ». Mais ces éty-
mologies n'ont aucun caractère de vraisemblance.

Peu à peu les maisons se groupèrent autour de la
villa d'Inchadus.

Au treizième siècle, les habitants étaient assez
nombreux pour former une paroisse.

Au quatorzième siècle, on y comptait de 80 à
100 feux, soit de 350 à 400 habitants (5).

---

(1) Eudes de Sully.
(2) Ville-d'Avray. — *Cart. N.-D. de Paris*, Guérard, I, 6.
(3) Arch. nat., O¹ 3825.
(4) *Cart. N.-D. de Paris*, Guérard, I, 176.
(5) Ce mot est le plus souvent employé dans le sens de famille,
maison. On comptait généralement quatre personnes par feu.

Mais les guerres, les mortalités, les vexations des prévôts fermiers de Châteaufort ruinèrent à ce point le pays, qu'au commencement du quinzième siècle, il ne s'y trouvait plus que sept feux, soit environ 28 habitants. C'est ce que nous apprennent des lettres patentes du roi Charles VII, en date du 14 juillet 1401 : « La ville de Chaville, qui est au grand chemin pour venir de Normandie et de Bretagne à Paris, passant par Châteaufort, y est-il dit, a esté anciennement bonne ville, bien habitée, et peuplée de 80 à 100 feux, où les repassants trouvaient moult bien leurs vivres et estoyent bien logiez. Néanmoins, pour le présent, il n'y est demouré que sept feux ou environ, et s'en sont allez et enfuis hors d'icelle ville tous les autres habitants, tant pour les faits des guerres et mortalités au pays, comme pour plusieurs vexations des prévôts fermiers de Châteaufort (1). »

Peu à peu cependant la population s'accrut de nouveau.

L'aveu fait en 1528 par Adam Aymery porte 35 censitaires, ce qui donne un minimum de 140 habitants (2).

En 1682, les censitaires étaient 52, soit plus de 200 habitants.

En 1709, on en comptait 340. Cette progression

---

(1) Arch. nat., O¹ 3825.

(2) Ce nombre est nécessairement très approximatif, tous les habitants n'étant pas propriétaires, et par suite soumis à l'impôt.

était due sans doute à l'influence de la famille Michel Le Tellier, qui avait acquis la seigneurie en 1596 et y avait fait construire un superbe château.

Mais, après la disparition de l'illustre chancelier, la population subit de nouveau un mouvement de recul.

En 1726, le *Dictionnaire universel de la France* ne marque plus que 155 habitants, ou « communiants (1) ».

En 1743, il n'y en a plus que 140, d'après le dénombrement publié par le sieur Doisy.

Le pouillé du diocèse de Paris, fait par Denys en 1767, indique 160 communiants.

Enfin, l'abbé Expilly, dans son *Dictionnaire géographique de la Gaule et de la France*, publié l'année suivante, ne marque plus que 35 feux.

Cette décroissance de population, au début du dix-huitième siècle, fut aussi le résultat d'une diminution de territoire.

Une épidémie ravageait alors la partie qui avoisine Sèvres. Le curé de Chaville, pour des motifs que nous ignorons, ne put administrer les secours religieux à cette portion éloignée de son troupeau, qui dut alors avoir recours au curé de Viroflay. Celui-ci conserva dans la suite l'administration spirituelle du bas de

---

(1) Abbé Lebeuf, VIII. Dans le nombre des communiants ne sont pas compris les enfants qui n'ont pas fait leur première communion, les églises séparées, et les vagabonds, qui échappaient à tout contrôle religieux.

Chaville, laquelle entraîna bientôt l'administration temporelle (1).

Cette partie de territoire, qui dès lors s'appela *le petit Viroflay*, formait un total de vingt-trois arpents quatre vingt-seize perches (2).

Mais, dans la seconde moitié du dix-huitième siècle, la population reprit son mouvement ascendant.

En 1774, elle atteint 560 habitants. Ce dernier chiffre nous est fourni par M. de Malaret, archidiacre de Josas, qui l'a consigné dans le procès-verbal d'une visite canonique qu'il fit à cette époque à l'église de Chaville : « Sur ce qui nous a été représenté, dit-il, que le nombre des paroissiens était augmenté de beaucoup depuis vingt ans, puisque alors il n'y avait que quarante cinq feux, au lieu qu'aujourd'hui on en compte environ cent quarante, que le cimetière est trop petit eu égard à cette augmentation ; après avoir vérifié ce fait par nous-même, nous avons ordonné qu'il serait fait des diligences par les curé et marguilliers à l'effet de procurer à la paroisse un terrain plus étendu pour en faire

(1) Arch. municip.

(2) Grâce aux actives démarches de M. Hausmann, maire de Chaville, cette partie de territoire fut rétrocédée à Chaville, en 1813, moyennant les cessions suivantes : 1° une portion de terres labourables longeant le sentier de la Quétonne ; 2° la partie de la plaine de Chaville renfermée entre la limite actuelle (en 1813) de Viroflay et le chemin de Versailles à Meudon, et de Chaville et Viroflay jusqu'au carrefour de la porte de Viroflay ; 3° plus la plaine de Chaville, au delà du chemin de Meudon, entourée des terres de Viroflay, Velisy et des bois de l'État.

le cimetière; et lorsque cette acquisition sera faite, on se pourvoira par devant Mgr l'Archevêque, pour obtenir toutes les permissions en tel cas requises (1). »

Cependant, sous la Révolution, Chaville subit une nouvelle décroissance. En 1804, sa population n'est plus que de 550 habitants. Mais, dès l'année suivante, elle remonte à 561, dont 439 au Doisu, 112 dans le haut Chaville, et 10 dans le bas Chaville.

Depuis lors, la progression a été constante : en 1832, la population était de 1.400 habitants; en 1841, elle atteignait 1.562; en 1870, elle parvenait à 2.543; enfin le dernier recensement (1896) a donné un total de 3.028 habitants.

Diverses industries ont été, au cours des siècles, exercées à Chaville. Mentionnons la coutellerie, le cartonnage, les fours à chaux, le blanchissage et plus particulièrement les briqueteries.

Nous trouvons une trace de cette dernière industrie au dix-septième siècle dans le sermon que prononça au « village » de Versailles, M. le Gauffre, prêtre de la compagnie du Saint-Sacrement. Le matin, il avait traversé Chaville et Giroflée (Viroflay), et le soir, parlant sur la parabole du grand banquet auquel les conviés refusent de venir sous de vains prétextes, il ajoutait : « J'ai rencontré un homme, ce matin, auquel j'ai demandé : « Mon bon ami, avez-vous

(1) Arch. paroiss.

« entendu la messe? » Il m'a dit : « Monsieur, j'en ai
« entendu un petit bout. — Mais, lui ai-je répondu,
« ce n'est pas assez : il la faut entendre tout du long
« et entièrement, les dimanches. » Il me repartit :
« J'ai mon fourneau plein de tuiles; si je n'en pre-
« nais garde, je perdrais tout. — Vous craignez
« de perdre vos tuiles, mon bon ami, lui dis-je alors,
« et vous ne craignez pas de perdre votre âme (1)! »
Les tuileries ont disparu, mais la leçon serait toujours opportune!

(1) *Études des Pères Jésuites*, janvier 1889, p. 125.

CHAPITRE II

CHAVILLE AVANT LES LE TELLIER
800-1596.

Avec les évêques de Paris, les premiers seigneurs de Chaville furent les malades et les pauvres. Inchadus donna en effet à l'Hôtel-Dieu de Paris une ferme avec des dépendances. Nous verrons dans la suite les seigneurs de Chaville et divers particuliers faire à la « Maison-Dieu » de nombreuses donations.

Radulfus de Cativilla.
1129.

Le plus ancien seigneur portant le nom de Chaville est Radulfus de Cativilla. Nous trouvons ce nom, sous la date de 1129, dans l'Histoire de Saint-Martin des Champs. Ce seigneur possédait également un fief à Clamart (1).

Roger de Chaville.
1202.

Une charte de 1202, des archives de l'Hôtel-Dieu

(1) *Hist. du dioc. de Paris*, abbé Lebeuf, VIII, p. 351.

de Paris (1), nous révèle l'existence de ce seigneur à qui elle donne le titre de « soldat, *miles* ».

Il avait épousé Isabelle de Gif, et, pour ce motif, eut à approuver une donation faite à l'Hôtel-Dieu de Paris par Alix de Gif et son mari Odon, des terres et forêts que ceux-ci avaient achetées à Velisy, de Pierre de Martiniera.

Il reçut de l'Hôtel-Dieu, pour cette approbation, dix livres parisis.

Nicolas de Champville.
1218.

Seize ans après, nous voyons Nicolas de Champville porter le titre de seigneur de Chaville. Il était, dit le Cartulaire de Sainte-Geneviève, à la date de 1218, « bailly du Roy ».

Guibert de Chaville.
1250.

En janvier 1250, nous voyons Guibert de Chaville et Herseute, sa femme, vendre un demi-arpent de pré au lieu dit de Morval, à Simon, le cuisinier, et Adeline son épouse, moyennant quatre livres parisis et deux deniers parisis de cens (2).

En 1252, c'est à l'Hôtel-Dieu de Paris que Guibert vendait un pré.

(1) Documents inédits de l'Hist. de France. Archives de l'Hôtel-Dieu de Paris, n° 68.
(2) Arch. nat., O¹ 3821.

Quelques années après, les habitants de Chaville obtinrent du Parlement de Paris, par arrêt en date du 2 février 1256, « le droit de mener paître leurs animaux dans les bois de Gervais de Syèvre (Sèvres), chevalier (1). »

Roger de Ville-d'Avray.
1269.

A cette époque, Chaville était possédé simultanément par plusieurs seigneurs. C'est pourquoi Roger de Ville d'Avray se dit « seigneur en partie de Chaville » dans l'hommage qu'il fit, le 16 août 1269, à l'évêque de Paris pour sa maison de Chaville, ses dépendances, la grange, le pressoir qu'il tient en arrière-fief (2).

Robert de Villepreux.
1270.

Robert de Villepreux était également seigneur en partie de Chaville, car en 1270, le vendredi après la Pentecôte, nous voyons M. Bernard de Marcilly, curé d'Ursines, acheter à Chauche, vigneron, et Esamburgis, sa femme, un pré situé à Chaville, à la fontaine de Bouhart, en la censive de M. Robert de Villepreux, chevalier.

En 1273 et 1274, le même curé d'Ursines faisait de

(1) Arch. nat., O¹ 3821.
(2) *Cartul. de N.-D. de Paris*, I, 176.

nouvelles acquisitions en la même censive de Robert de Villepreux (1).

Mais, en mars 1274, conjointement avec Marie sa femme, il vendait son fief « relevant immédiatement du Roy » à l'Hôtel-Dieu de Paris, moyennant deux cent-cinquante livres parisis. Ce fief se composait de cinquante arpents de terre arable, de quarante arpents de bois, cinq arpents de blé, cinq droitures (2) sur plusieurs terres et autres possessions à Chaville payables chaque année à la Nativité de Notre-Seigneur, audit manoir. — Le fief rapportait en outre : deux deniers de rouage (3) pour chaque pièce de vin vendue hors la taverne, et un setier de vin pour chaque pièce vendue dans la taverne. Sur ces revenus, le curé d'Ursines recevait chaque année trois setiers de blé, en raison de la chapelle contiguë au manoir. Enfin les habitants payaient pour la taille, à la Saint-Martin d'hiver, trente-sept sous parisis; et, à titre de cens, sur les prés, terres, vignes et autres, quarante sous parisis. Sur le cens, le curé d'Ursines recevait, en raison de sa paroisse, cinq sous parisis, et le curé de Meudon, deux sous parisis (4).

(1) Arch. nat. O¹ 3831.

(2) Droiturier, terme féodal qui désignait un seigneur auquel les vassaux payaient un droit pour leur fief. (Chéruel.) C'était notre impôt foncier.

(3) Rouage, taxe levée sur les voitures à titre d'indemnité, pour le dommage que les roues causaient aux chemins. Cet impôt devait être primitivement affecté à l'entretien des routes. Le rouage était spécialement un impôt sur le transport des vins. (Chéruel, v° *Rouage*.) C'était, sous une autre forme, notre impôt dit prestation.

(4) Arch. nat.

L'Hôtel-Dieu de Paris.

1274.

L'Hôtel-Dieu, seigneur en partie de Chaville, augmenta ses possessions par de nombreuses acquisitions, faites notamment en 1296, 1301 et 1313. En outre, il fut l'objet d'importantes libéralités. C'est ainsi que « le samedi avant les brandons 1316, Jean le Couturier, de Chaville, donna à la Maison-Dieu de Paris, huit arpents de terre et jardin au terroir de Chaville, en la censive de ladite Maison-Dieu, une maison audit Chaville, en la censive du seigneur de Chaville, un quartier et demi de terre en ladite censive, un arpent aux Courcelles en ladite censive, un arpent au Morval (1). »

Gauthier de Chaville.

1306.

Gauthier possédait, simultanément avec l'Hôtel-Dieu, l'autre partie de la seigneurie de Chaville. Le *Cartulaire de Notre-Dame de Paris* le nomme dans une charte de 1306 (2).

Un titre latin du 3 septembre 1308 porte que Chaville « relevait immédiatement de Dieu et du Roy ».

(1) Arch. nat.
(2) III, 71.

Roger de Chaville.

1322.

En 1322, avec l'Hôtel-Dieu, le possesseur de Chaville était Roger de Chaville. Nous le voyons en cette année 1322, vendre à Louis de Chailland et à dame Jeanne, sa femme, un four et ses appartenances sis à Chaville, un moulin appelé Doisil (Doisu), des étangs, ce moyennant cent livres parisis, à la charge de les tenir en foy et hommage de lui Roger (1). »

En 1346, Roger était encore seigneur de Chaville, car nous retrouvons son nom dans l'acte de vente « d'un quartier de terre, au terroir de Chaville, en la censive dudit Roger, par Jean Pichon, à Jean de Satrin, tailleur de robes, frère familier de l'Hôtel-Dieu de Paris, moyennant quatre livres parisis ». La terre était chargée de trois deniers parisis de cens (2).

Mais en 1350, à la date du 10 janvier, Roger était mort. C'est ce que nous apprend un contrat par lequel « Estienne Lafoy et Guillemette, sa femme, Jean Le Comte et Jeanne, sa femme, vendent à Jean Béhoust et Jeanne, sa femme, une masure à Chaville, au-dessus du four de ladite ville, à un denier de cens; un petit toit, un quartier de pré au bois Richard, à un denier de cens; un quartier et demi audit terroir de Loncherolles, à une maille de cens, le

(1) Arch. nat.
(2) *Ibid.*

tout en la censive des enfants de Roger de Chaville, seigneur de Chaville, et un quarteron au
lieu dit les Chènevières, en la censive de l'Hôtel-
Dieu de Chaville, à une maille tournois de cens,
moyennant cent livres parisis (1). »

Nous ne mettons ici que pour mémoire Jean de
Hasse, chevalier de Chaville, qui, assure l'abbé
Lebeuf, ramena le pape Urbain V, de Rome à Avi-
gnon, au mois de septembre 1370 (2). Jean de Hasse
était peut-être natif de Chaville. Il ne nous paraît
pas en avoir été le seigneur. Aucun document n'en
fait mention.

_____

Adam Joriac.

135*.

Adam Joriac et sa femme vendirent, le 29 janvier
1399, à Jehan Lasne, « maisons, manoirs, masures,
jardins, terres, bois, vignes, cens, rentes, prés,
aulnois et saulsayes, sis au terroir de Viroflay,
Chaville et Sèvres, même les soixante sols parisis
que les vendeurs avaient droit de prendre sur les
héritages du sieur acquéreur, moyennant la somme
de trois cents écus d'or du coing du Roy faisant
somme totale de trois cent trente-sept livres dix
sols tournois (3). »

_____

(1) Arch. nat.
(2) VIII, 351.
(3) Arch. nat., O¹ 3831.

Jehan Lasne.

1399-1418.

Jehan Lasne, qui était écuyer et valet de chambre du Roi, devint seigneur de Chaville par l'achat que nous venons de dire.

Un mois auparavant, le 28 décembre 1398, il avait acheté, moyennant vingt livres tournois, à Pétronille La Mascotte et à Jehannin Viel, son fils, tous droits sur le four de Chaville, au moulin de Doisu, les terres et l'étang dudit moulin (1).

Mais par testament en date du 29 juillet 1418, Jehan Lasne donna à l'Hôtel-Dieu de Paris, « sa maison, justice, seigneurie, cens, rente, revenus, saulsayes, aulnois, terres et prés à lui appartenant en sa ville et terroir de Chaville sous la réserve de l'usufruit, sa vie durant, à la charge par l'Hôtel-Dieu de faire dire et célébrer chaque année à perpétuité, et sans discontinuation, cent messes, savoir : « aux cinq festes solennelles, et à chacun des dimanches de l'an, une messe de jour, et le surplus des cent messes à tel jour qu'il plaira aux religieux frères et sœurs de l'Hôtel-Dieu ».

Jusqu'à Jehan Lasne, Chaville était du ressort de la prévôté de Châteaufort. Le 14 juillet 1401, des lettres patentes de Charles VII, ordonnèrent que Chaville ressortit désormais du Châtelet de Paris. « Octroyans que eux (Jehan Lasne et l'Hostel-Dieu)

(1) Arch. nat.

1. Meudon 2. Chaville 3. Viroflay

2. — Vue et perspective du château de Chaville, du côté du jardin. — Dessiné sur le chemin de Versailles. (XVIIᵉ siècle.)

à cause de leur terre de Chaville, leurs hommes, hostes et sujets, ils ne soient dorénavant tenus de ressortir par devant le prévôt de Châteaufort, qui est à présent, ne ceux qui dorénavant seront, mais les avons exemptez et exemptons dans la juridiction de ladite prévôté de Châteaufort, et voulons que dorénavant ils ressortissent sans aucun moyen en notre Châtelet de Paris (1). »

Jehan Lasne mourut à Chaville à la fin de l'année 1418, et fut inhumé dans l'église. En 1858, M. l'abbé Metcalfe, curé de Chaville, en faisant exécuter de travaux à la base du clocher, découvrit, au milieu de nombreux ossements, des débris de la pierre tombale de ce seigneur. Rapprochés, ces débris « donnèrent l'inscription suivante : *Je han Lasne* « *varlet de chambre du Roy, seigneur de* . . . . . . « . . . . mil c c c c »

M. l'abbé Metcalfe communiqua ce document à la Société des « Inscriptions de la France du Ve au XVIIIe siècle » et M. de Guilhermy le consigna au tome III, page 241.

L'Hôtel-Dieu de Paris.

1419-1427.

Par la délivrance du legs de Jehan Lasne, le 27 janvier 1419, l'Hôtel-Dieu de Paris paraît avoir seul possédé à cette époque la terre de Chaville. Mais

(1) Arch. nat., reg. O¹ 3825.

la « Grande Maison », comme disent les vieilles chartes, n'avait que faire du titre de seigneur et des droits honorifiques qu'il entraîne. C'est pourquoi, en 1427, elle vendit la seigneurie, avec la haute, moyenne et basse justice, à Me Jean Bureau, seigneur de Montglat, dont le père, nommé Simon, bourgeois de Paris et examinateur au Châtelet, possédait déjà une maison et des terres à Chaville.

Cependant l'Hôtel-Dieu se réserva un fief. Il consistait en une ferme située au-dessus de la demi-lune, devant le château. Près de cette ferme, sur le bord du chemin, était une chapelle dédiée à saint Jean Baptiste.

L'Hôtel-Dieu loua cette ferme avec la restriction d'une chambre pour héberger trois personnes de l'Hôtel-Dieu, et leur fournir pain, vin, feu et luminaire, étable, foin et avoine, lorsqu'ils iraient à Chaville.

En 1554, ce fief donnait un revenu de huit muids de grain, deux pourceaux gras de valeur chacun cent sols, douze chapons et huit livres en argent. En 1645, la ferme produisait mille trente livres, et deux cents bottes de foin.

Jean Bureau.

1427-1463.

Jean Bureau, chevalier, seigneur de Montglat, était chambellan et trésorier de France. Charles VII le créa maître de l'artillerie en 1430. Il se signala dans les guerres contre les Anglais, notamment aux sièges de Pontoise, Harfleur, Bayeux, Bergerac, etc.

L'année même où il devint seigneur de Chaville, il porta foi et hommage pour son nouveau fief à noble homme Robert Bruyant, lequel comme seigneur suzerain prenait le titre de seigneur de Ville-d'Avray et de Chaville.

L'année suivante, il avouait tenir du même Robert Bruyant et de Jeanne La Viré, sa femme, seigneur et dame de Ville d'Avray, la maison, sept arpents de bois, le fief et arrière-fief de Villeras.

Jean Bureau mourut le 9 juillet 1463.

Nicolas **Ballue** et Philippe **Burelle**.

1463-1493.

Jean Bureau laissait deux filles, Madeleine et Philippe Burelle. L'année même de la mort de leur père, le 21 décembre 1463, toutes deux rendirent foi et hommage pour la terre de Chaville au seigneur suzerain de Ville-d'Avray. La veille, Philippe Burelle, avait avoué tenir de Philippe Bruyant, Villeras et deux autres fiefs (1).

Quelques années après, Philippe, qui avait épousé Nicolas Ballue, devint seule propriétaire de Chaville. C'est ainsi que nous les voyons tous deux, en qualité

(1) Arch. nat.

de « seigneurs de Chaville, bailler à Guillaume
Hallenault, quatre-vingt-huit arpens trois quartiers
de terre, une maison, une grange, le tout à rente
perpétuelle qui est de seize écus d'or du coing
du Roy, quatre chapons et un porc gras de chef
cens (1). »

Le 4 mai 1493, ils cédèrent la seigneurie à Pierre
Aymery, avocat au Parlement, en échange d'une
terre située au bois d'Arcy, châtellenie de Villepreux
et Châteaufort.

* * *

Pierre Aymery.

1493-1520.

Pierre Aymery augmenta le domaine de Chaville,
dont il fit faire le bornage, le 28 janvier 1498.

Les Archives nationales possèdent de nombreux
baux passés par ce seigneur. L'un d'eux, en date
du 17 avril 1512, loue « au sieur Jean Moriset, me-
nestrier à Chaville, une masure assise au carrefour
du puits de Chaville, plus un demi-arpent de terre
en bois et buisson pour faire jardin à prendre aux
parcs et garenne dudit Chaville du côté de Sèvres,
sur le grand chemin de Montreuil à Paris, moyennant quatre sols parisis de cens et deux poules de
rente foncière annuelle et perpétuelle payable par
chacun an en l'hôtel seigneurial dudit Chaville, au

(1) Arch. nat.

jour de Saint-Denis, sous peine de cinq sols parisis d'amende accoutumée, à la charge de mettre
le demy arpent en bonne valeur et de faire construire une maison manable (1) dans six ans sur
la dite masure ». Dans la plupart des baux, Pierre
Aymery mettait cette dernière condition dans le but
évident d'augmenter l'importance et la valeur de
la seigneurie.

Un autre acte (1520) est fait « moyennant cinq
muids de grains, les deux tiers bled méteil (2)
bon, loyal et marchand, l'autre tiers d'avoine, mesure de Paris, avec un bon pourceau gras à larder
de trois doigts, et un cens de gluye (3) et de
feure (4) ».

Pierre Aymery eut une contestation avec les administrateurs de l'Hôtel-Dieu au sujet du droit de
justice; mais une sentence des requêtes termina le
différend le 20 décembre 1501.

Il dut également défendre ce droit contre le procureur du Roi à Châteaufort, qui, ignorant sans
doute des lettres patentes données par Charles VII en
1401 à Jehan Lasne, avait demandé que défense fût
faite à Denis Vulleure, soi-disant maire de Chaville
d'y exercer la justice, Chaville étant du ressort de
Châteaufort. Une sentence en date du 7 janvier 1501

---

(1) Maison manable, maison d'habitation, par opposition à maison à usage de grange, d'écurie, etc.

(2) Méteil, seigle et froment mêlés.

(3) Gluye, glui, grosse paille de seigle pour couvrir les toits.

(4) Feure, paille de toutes sortes de blé.

fut rendue, déclarant que « les officiers de la justice
« de Chaville seraient maintenus dans l'exercice d'i-
« celle, et que les saisie et mainmise de la terre, à
« la requeste de M. Denevers, seigneur de Château-
« fort, pour reliefs, droits et devoirs qu'il prétendait
« lui être dus pour l'Hôtel-Dieu, seraient déclarées
« nulles. »

Pierre Aymery mourut en 1520. Il avait épousé
Jeanne de Bellefaye.

Adam Aymery.

1520-1539.

Adam Aymery était seigneur châtelain de Ferrières-en-Brie.

Il porta foi et hommage pour la terre de Chaville
aux religieux Célestins de Paris, seigneurs de Ville-
d'Avray, le 9 mai 1528.

Ce document nous dit l'importance de la seigneurie de Chaville au seizième siècle. Pour ce motif,
nous en donnerons le résumé :

Aveu et démembrement de « la terre, justice et
seigneurie de Chaville, appartenances et dépendances consistant en hôtel seigneurial, maisons,
granges, bergeries, étables, terres, prés, bois, cens,
rentes, justice moyenne et basse, avec mention
du bornage et séparation d'icelle terre, et décla-

ration détaillée des héritages en dépendant ; par Adam Aymery, écuyer, licentié es loix, châtelain de Ferrières-en-Brie, seigneur de Chaville au Val de Gallye, avouant tenir en fief de MM. les Célestins de Paris à cause de leur terre et seigneurie de Ville-d'Avray » :

Environ cent arpents de terre outre le jardin.

Cens :

Nicolas Guyon : pour une maison cour et jardin contenant huit perches : quatre sols deux deniers parisis et une poule. Pour une grange et environ quatre-vingt-quinze arpents de terre et bois taillis : neuf sols parisis, quatre chapons, seize écus d'or de rente foncière et un pourceau gras.

Denis Morizet : pour une maison, cour et jardin, environ douze arpents de terre et un berceau de vignes : neuf sols parisis et un chapon.

Vve Jean Morizet : pour une maison, cour et jardin, et environ huit arpents : quatorze sols parisis, six poules et un chapon.

Vve et héritiers Jean Crespinet : pour une maison, cour, pressoir, jardin, et environ dix-huit arpents : quatre livres, douze sols, six deniers tournois et un certain nombre de poules et chapons.

Guillaume Hochecorne et Jean Crespinet dit le Velu : pour une maison cour et jardin, environ huit arpents et deux quartiers de vignes : vingt-six sols parisis et deux poules.

Marceau Lyappre : pour une maison, cour, étables,

environ quatre arpents et plusieurs quartiers de vigne : dix deniers parisis et deux chapons.

Mathieu Surard : pour une masure, cour, jardin, et un arpent et demi : quatorze sols parisis et un chapon.

Vve Denis Tricadeau : pour une maison, cour, étable, jardin : quatre sols sept deniers parisis ; et pour environ treize arpents et un quartier de vigne : sept sols deux deniers parisis et deux chapousins.

Michel de l'Estre : pour une maison, grange, cour et étable et un demi-arpent : deux sols et deux poules ; pour cinq arpents : douze sols parisis, douze poules, un chapon ; pour deux quartiers de vigne et un arpent et demi de terre : quatre sols, deux poules.

Charlot Maillart : dix sols parisis pour un arpent de pré.

Guillaume Maillart : dix sols parisis et une poule pour un demi-arpent et quatre perches.

Phelipot du Val : huit deniers parisisis pour un arpent.

Jean Duval : sept sols quatre deniers parisis pour onze arpents.

Pierre Morizot : pour une maison, cour, grange, étable, environ huit arpents de terre : deux sols parisis ; pour quatre arpents et un demi quartier de vigne : deux sols six deniers parisis.

Jean Lucas, curé de Chaville : pour une maison, cour, étable, jardin d'un demi-arpent : douze deniers parisis; et quatorze deniers parisis pour sept quartiers de terre.

Pierre Chassonin : vingt sols parisis pour une maison, cour, granges, étables.

Vve et héritiers Guillaume Morizet : pour une maison, une petite cour et cinq perches et demie de jardin : dix sols parisis, deux poules; et trois deniers parisis pour un quartier de vigne.

Jean Chassonin : cinq sols parisis pour maison, cour et jardin; et trente deniers parisis pour quatorze quartiers de terre.

Geuffroy Braques : pour une maison, cour et huit perches de terre : cinq sols parisis; et deux sols parisis, une poule, pour un quartier de bois taillis.

Jean Vézaut : deux sols, une poule, pour une masure, cour et jardin.

Jean Ringlet : quatre sols, un chapon pour une maison; douze deniers parisis pour un arpent; six deniers parisis pour une autre maison avec cour.

Henry Hellard : trois sols parisis pour une maison, cour, étables et quatre arpents de vigne.

Jean David : douze deniers parisis, un chapon pour une maison.

Jean Crespinet : pour environ deux arpents de terre, bois taillis, vignes : dix sols vingt et un deniers parisis et un quartier de fromage.

Nicolas Hennequin, marchand bourgeois à Paris : pour vingt-quatre arpents au Doisu, avec la place du moulin et de l'étang qui jadis furent en ce lieu, et environ trente autres arpents : quatre deniers parisis par chaque arpent.

Jean Croustebault : quatre deniers parisis pour une maison, avec cour et jardin.

Guillaume Hallenault : cinq sols et un quartier de poule, pour un quartier de vigne; et deux sols parisis pour un quartier de taillis.

Jean Delestre : cinq sols parisis pour un quartier de vigne.

Messieurs de l'Hôtel-Dieu de Paris ne payaient aucun cens pour six arpents de terre.

Jean Morizet : sept sols six deniers parisis, et un quartier et demi de poule pour un quartier et demi de vignes.

Maistre Julien de Morenne, procureur au Parlement : trois sols parisis et deux poules pour trois arpents de terre.

Olivier Morizet : vingt sols parisis pour une masure avec cour et jardin, et quinze deniers parisis pour deux arpents et un quartier de terre.

Jean Jeuneau : dix sols et un chapon pour un demi-quartier de terre.

Jean Rivière : pour cinq quartiers de pré : six deniers parisis (1).

De cet aveu il résulte que Chaville avait environ trente-cinq censitaires donnant une population quelque peu supérieure à 140 habitants. Vingt-deux

_____

(1) Arch. nat., O¹ 3830.

maisons, non compris l'hôtel seigneurial, formaient
le village. Son territoire était d'environ trois cents
arpents, et le tout rapportait au seigneur du lieu
seize écus d'or et vingt livres parisis environ. Le cens
en nature était représenté par trente-quatre poules et
deux quartiers et demi de poule, seize chapons, deux
pourceaux et un quartier de fromage.

Ce même aveu nous apprend que trois arrière-
fiefs dépendaient alors de la seigneurie de Chaville-
lez-Meudon, comme dit un titre de 1511.

Le premier était l'arrière-fief de Villeras, sur le
chemin de Jouy-en-Josas. Il consistait en un hôtel,
cour, jardin, quarante-deux arpents de terre et deux
droictures et demie, la droicture valant un setier d'a-
voine, un minot de blé et deux chapons.

Le deuxième arrière-fief contenait seize arpents
de terre, et une masure avec un jardin d'un arpent,
sur le grand chemin du Roy.

Le troisième, sur le chemin de Villeras à Châte’au-
fort, était de sept arpents de terre, quatre livres douze
sols de cens et trois quartiers de pré (1).

Adam Aymery avait épousé « noble damoiselle
Loyse le Piccart » dont l'église paroissiale de Saint-
Remi, à Ferrières-en-Brie, possède la pierre tombale.

On y lit l'inscription suivante :

« Cy gist noble damoiselle Loyse le Piccart, en son
vivant veuve de defunct noble hôme M⁀e Adam Aymery,

----

(1) Arch. nat., O¹ 3830.

escuier, S^r châtellain de cette ville de Ferrières-en-Brye et de Chaville au val de Gallye, laquelle trépassa l'an de grâce MDXXXIX au moys de Juing. Priez Dieu po^r sõ ame » (1).

Michelle Aymery, épouse de Charles de la Porte.

1539-1553.

Michelle Aymery, épouse de Charles de la Porte, avocat au Parlement, était fille d'Adam Aymery. Avant même la mort de sa mère, elle avait fait à Chaville certaines acquisitions. C'est ainsi que le 27 mai 1536, Charles de la Porte et Michelle Aymery achètent trente-cinq perches de terre et un jardin au lieu dit le Pressoir, sur le chemin de Chaville à Ursines. Le 7 juin de la même année, ils se rendent acquéreurs d'une maison et d'un jardin, en la censive de M. de Chaville, à raison de douze livres parisis et un chapon de cens.

Une sentence du Châtelet, en date du 11 septembre 1549, nous apprend que la châtelaine de Chaville ne fut pas toujours très respectée par certains habitants de la seigneurie. Jean Philippe Personnier et Demonc Abraham, sa femme, se permirent d'appeler la dame de Chaville « méchante et ribaude ». Pour

(1) *Inscript. de la France*, par M. de Guilhermy, IV.

ces propos, ils furent condamnés à vingt livres parisis et six livres parisis d'amende (1).

Charles de la Porte et Michelle Aymery possédèrent
Chaville environ quatorze ans.

_____

Jean Aymery.

1553-1561.

Jean Aymery devait être le frère d'Adam Aymery,
car en 1540, nous le voyons, « agissant comme tuteur
des enfants mineurs d'Adam Aymery », renouveler
un titre de rente de seize livres, quatre chapons et
un pourceau de cens, pour maison, cour, bergerie,
étables à vaches, jardin et différentes pièces de
terre (2).

Il était conseiller et avocat général du Roy en son
grand conseil. Il avait épousé Anne de la Planche,
dame de Gaillon.

Vers 1553, il acheta la seigneurie de Chaville de
« noble homme Charles de la Porte et Michelle Aymery sa femme » et prit dès lors le titre de seigneur
de Chaville et de Viroflay.

Nous possédons de lui différents actes. C'est ainsi
que nous le voyons, le 30 novembre 1557, passer un
bail « devant Pierre Drouard, tabellion juré à Chaville, d'un quartier de terre, assis au lieu dit Mon-

_____

(1) Arch. nat.
(2) *Ibid.*

tesguillon, autrement dit les Chènevières, sur le chemin de Chaville à Ursines, en la censive de Messieurs
de l'Hôtel-Dieu de Paris, et chargé envers eux de
six deniers parisis, au profit de Roger Crespinet
l'aisné, moyennant cinq sols parisis et un poulet, ou
dix-huit deniers tournois, le dit poulet au choix et
option dudit seigneur (1). »

Dans un autre acte, en date du même jour, il loue
à Jean Pigné, tavernier à Chaville, plusieurs quartiers
de terre, « moyennant cinq sols parisis et vingt
poulets, ou dix-huit deniers pour les poulets, au
choix (2). »

Jean Aymery mourut en 1561. — Le 14 décembre
suivant, sa veuve, et Pierre Aymery, son fils, cédèrent
à titre d'échange la terre et seigneurie de Chaville
à demoiselle Anne Dupré, dame de Bourgoing. —
Comme contre-échange ladite dame de Bourgoing
cédait cinq cents livres tournois de rente (3).

De cet acte de cession il résulte que la seigneurie
de Chaville consistait alors en « une maison, cour,
grange, estables, jardins, quarante-sept perches
de terre derrière ladite maison, trois quartiers près
ladite maison; trois arpents quarante-sept perches
au lieu dit le Closeau, cinquante-six arpents vingt
perches au lieu dit le Vieillard; un arpent quatre-
vingt-dix perches, trois arpents quatre vingt-dix

(1) Arch. nat.
(2) *Ibid.*
(3) *Ibid.*

3. — Vue du château de Chaville, d'après Perelle. Entrée principale. (XVIIe siècle.)

perches, trente-huit perches, un arpent et demi au
lieu dit les prés Aubry; huit arpents et demi vingt
perches, un arpent au lieu dit les Courselles; un
arpent et demi au lieu dit les Chènevières; un arpent
vingt perches, au lieu dit Monteguillon; trois quartiers et demi, cinq arpents trois quarts, deux perches
au lieu dit la Croix sans Feuilles; un arpent et demi
douze perches, deux arpents au lieu dit les Sablons;
six perches près la maison du Doisu; deux arpents
et demi cinq perches au lieu dit les prés Aubry; un
arpent de pré, trois quartiers au lieu dit les Courselles; trois quartiers cinq perches aux hautes Courselles; vingt-trois perches aux Chènevières; cinq
quartiers deux perches, un arpent à la fontaine Saint-
Denis; quatre-vingt-treize perches de vignes au lieu
dit les fortes terres; un arpent quatre-vingt-treize
perches, trois quartiers sur la cavée de Chaville; un
demi-arpent de bois taillis au lieu dit du Morval;
soixante-dix livres tournois de menus cens et rentes,
et la haute, moyenne et basse justice, relevant de
Messieurs les Religieux prieurs du couvent des Célestins à cause de leur seigneurie de Ville-d'Avray (1). »

Anne Dupré,

DAME DE BOURGOING, EN DAUPHINÉ, ET DE CHAVILLE.

1561-1572.

Anne Dupré, ou encore du Prez, était veuve de

(1) Arch. nat.

Étienne Philbert de Chailland, seigneur de Varrey.

Elle dut mourir après **1571**, car à cette date nous la voyons encore faire un acte de vente

En 1570, elle fit établir un « registre contenant les déclarations des possesseurs et détenteurs d'héritages situés aux terrains et censive possédés par Noble Dame Anne du Prez » (1).

En 1564, nous la voyons louer à bail « pour six années un colombier à pied assis au château de Chaville, peuplé de neuf cents pigeons, moyennant vingt-cinq livres tournois et six douzaines de pigeons de ferme par chacune année. Ladite dame s'est réservé la liberté de pouvoir prendre des pigeons à sa volonté pendant son séjour audit Chaville en déduction et pour le prix de douze deniers tournois » (2).

François Picot.

1572-1577.

François Picot était conseiller au Parlement. Ce fut sans doute par contrat d'achat qu'il devint châtelain de Chaville.

De lui, nous avons peu de détails. Nous savons cependant que le 5 août 1576, sur appel interjeté par lui, en sa qualité de seigneur de Chaville, le

(1) Arch. nat.
(2) Arch. nat. O¹ 3834.

Parlement rendit un arrêt « faisant défenses aux officiers de Châteaufort de faire aucun acte de justice à Chaville (1). »

L'année suivante, le 12 juin 1577, François Picot céda par échange à Simon de Vigny la terre et seigneurie de Chaville.

Simon de Vigny.

1577-1596.

Simon de Vigny fit foi et hommage avec Jeanne de Creil, sa femme, en 1577, aux Célestins de Paris, seigneurs de Ville-d'Avray.

En 1588, le 21 octobre, nous le voyons autoriser Claude Le Clerc, auditeur des comptes qui avait une maison bourgeoise au Doisu, de faire bâtir un moulin, à l'endroit où était l'ancien, et où les habitants de Chaville pourraient faire moudre.

Peu d'années auparavant, en 1574, un correcteur des comptes nommé Michel Letellier épousa Perrette Locquet, veuve de Pierre Plastrier, marchand drapier et bourgeois de Paris. Elle lui avait apporté en dot une maison bourgeoise où il y avait un pressoir, et quelques pièces de terre qu'elle avait acquises avec son premier mari. Elle possédait en outre

(1) Arch. nat.

quelques biens personnels, notamment une autre maison et une grande pièce de terre au lieu dit les Locquettes.

Michel Letellier augmenta ces biens par diverses acquisitions, et acheta en particulier de Françoise Aymery, veuve de Claude Aymery, une maison avec cour et jardin, qui avait appartenu à Françoise Hallenaut.

Michel Letellier était quelque peu ambitieux. De là des différends sans nombre avec Simon de Vigny.

L'une de ses prétentions était de ne pas être soumis aux droits seigneuriaux de Simon de Vigny, sous prétexte qu'il appartenait à la censive de l'Hôtel-Dieu. Aussi affectait-il de lui donner le titre bourgeois de « maître ». Il ne fallut rien moins qu'une sentence pour terminer le différend. Elle fut rendue le 23 mai 1579, et Michel Letellier fut condamné à rayer le mot « maître » de ses écritures, « Simon de Vigny étant seigneur de Chaville, écuyer, et employé au fait des armes ».

Pour éviter à l'avenir toute discussion, les deux rivaux s'engagèrent par écrit, le 28 avril 1581, à s'en rapporter à un tiers « sur les différends qui interviendraient cy-après, à peine de cinq cents escus, ne se fascher, nuire, ny molester l'un l'autre. »

Mais hélas, feu de paille, car, dès l'année suivante, le bon accord était troublé. Simon de Vigny, en sa qualité de seigneur haut justicier, avait permis à Michel Letellier de « prendre quatre ou cinq pieds hors œuvres sur la rue et chemin de Chaville à Ursines, pour agrandir sa maison. » L'avide bourgeois empiéta plus qu'il ne convenait dans la construction d'une tourelle. De là discussion qu'une transaction termina le 10 août 1585.

Simon de Vigny mourut en 1591, laissant le château, où il y avait encore des eaux vives, fossés et ponts-levis, tout à fait en ruines, et la plupart des bâtiments inhabitables. Jeanne de Creil, sa veuve, se remaria avec Jacques Bigot, écuyer, sieur de la Verdure, qui fut tuteur de Jeanne de Vigny, seule enfant dudit de Vigny, qui, dans la suite, fut mariée au sieur Le Clerc.

« Jeanne de Creil, qui avait un douaire de cent écus de rente sur la terre de Chaville, fit un transport de cet usufruit et des arrérages échus, à Jérôme Allen, commissaire des guerres, qui prêta son nom à Michel Letellier, le 14 février 1596, et, la seigneurie ayant été mise en vente, non par Michel Letellier en vertu de cette créance, comme Jeanne de Vigny le prétendit depuis, mais à la requête d'un sieur Tessier, faute de paiement de quelques arrérages de 100 livres de rente, qui n'avaient rien de commun, elle fut adjugée à Michel Letellier par sentence du Châtelet du 18 décembre 1596, moyennant 1.600 écus. Il est vrai qu'il avait une créance privilégiée qui égalait presque le prix de l'adjudication. Cette adjudication fut du reste suivie de grandes contestations de la part de Jeanne de Vigny, tant contre

Letellier que contre ses héritiers, constestations qui ne furent terminées que par un arrêt du 9 juin 1622, qui donna acte à la dame de Vigny de son désistement (1). »

(1) *Mémoires de la Société de l'Histoire de Paris*, XX, p. 156. — *Meudon, Bellevue et Chaville*, par M. le vicomte de Grouchy.

CHAPITRE III

CHAVILLE SOUS LES LE TELLIER, 1596-1695

Michel Le Tellier,

MAITRE DES COMPTES.

1596-1608.

Les Le Tellier furent seigneurs de Chaville pendant un siècle, de 1596 à 1695. Ce siècle fut évidemment la seule période pendant laquelle notre cité connut une réelle prospérité et une gloire relative.

Le nouveau seigneur était maître des comptes depuis le 24 juillet 1589. Cette charge lui avait été conférée par lettres du duc de Mayenne que confirma Henri IV en 1593. Précédemment il avait été commissaire examinateur au Châtelet, puis correcteur des comptes (21 décembre 1573). Il était fils de Pierre Letellier, marchand de Paris.

En toute hâte et avec un grand soin, il organisa sa nouvelle seigneurie.

Tout d'abord il en prit le titre et se fit appeler seigneur de Doisu et de Chaville en partie.

Le 1ᵉʳ août 1597, il obtenait d'être déchargé du

ban et de l'arrière-ban comme maître des comptes.

Dans le même temps, il obtenait des lettres patentes pour établir les limites de la seigneurie.

Simon de Vigny avait laissé tomber en ruines le « vieux chastel » qu'entouraient des fossés et auquel on accédait par un pont-levis. La plupart des bâtiments étaient inhabitables. Michel Le Tellier fit détruire le tout.

Il possédait déjà à Chaville, avant qu'il eût acheté la seigneurie, deux maisons et trente arpents de terre. L'une de ces maisons lui rapportait en 1584 une rente de 25 sols tournois et deux gros poulets. L'autre contenant deux travées, cour et jardin, assise au lieu dit le Château, tenant d'une part au jardin de l'église de Chaville, représentait une rente de vingt-cinq sols, et un cens de trois sols, quatre deniers, six poussins (1).

Michel Le Tellier fit décorer la première de ces maisons, qui était située dans le parc actuel des Frères de Saint-Vincent de Paul, et la transforma en maison seigneuriale.

Il fit également orner le parc, dans lequel on voyait une statue de Neptune avec son trident et trois chevaux marins.

Enfin, afin de donner à la seigneurie une plus grande importance, il fit publier au prône, par trois fois, que chacun eût à rebâtir les masures, et mettre

(1) Arch. nat., O¹3837.

en valeur les friches, sous peine de les voir réunies
à son domaine. Par deux fois, en 1600 et 1603, le
prévôt Marc Repéraud rendit sentence à la justice
de Chaville, permettant cette réunion après un mois
de délai.

Michel Le Tellier mourut le 25 janvier 1608, à
l'âge de soixante-trois ans. Il fut inhumé à Saint-
Eustache, près de sa femme, qui était morte depuis
le 5 avril 1593.

Michel Le Tellier,

CONSEILLER A LA COUR DES AIDES.

1608-1617.

Michel Le Tellier laissait trois fils : Michel, Charles
et François. Le premier eut la maison seigneuriale ;
le second, la maison de Doisu, et le troisième une
maison particulière. Mais ce dernier, qui fut l'un des
chevau-légers de M. le Dauphin, étant mort sans être
marié, sa succession fit accroissement aux deux
autres.

Michel et Charles Le Tellier (**1**) augmentèrent le
domaine de Chaville par de nombreuses acquisitions
et quelques échanges (**2**).

(1) Charles Le Tellier avait épousé Catherine Vaillant.
(2) Arch. nat., O¹ 3833.

Michel mourut le 6 mai 1617, et fut inhumé à Saint-Eustache, à Paris.

Du mariage qu'il avait contracté le 4 juillet 1599 avec Claude Chauvelin il avait eu quatre enfants :

1° Michel Le Tellier qui eut la seigneurie de Chaville ;

2° Claude Le Tellier, qui épousa J.-B. Colbert, seigneur de Saint-Pouange, maître des comptes, puis conseiller d'État et intendant de justice en Lorraine ;

3° Louise Le Tellier, prieure de la Ville-l'Évêque, morte en 1664 ;

4° Magdeleine Le Tellier, mariée à Gabriel de Cassagnet, seigneur de Tilladet, lieutenant général des armées, et gouverneur de Bapaume.

Michel Le Tellier (1),

MARQUIS DE BARBEZIEUX, SEIGNEUR DE CHAVILLE, DE LOUVOIS,
DE LA FERTÉ-GAUCHER, CHANCELIER DE FRANCE.

1617-1685.

Né le 19 avril 1603, Michel Le Tellier n'avait que 21 ans quand il fut pourvu d'une charge de conseiller au grand conseil, contrairement aux ordonnances.

Par acte du 31 décembre 1627, il rendit foi et hommage tant en son nom que comme tuteur de Magdeleine Le Tellier, sa sœur, avec Claude Le

(1) Gravure frontispice.

Tellier, émancipée par justice sous l'autorité de Louis Turpin, procureur au Châtelet, son curateur, des deux quarts et demi total de la terre, justice et seigneurie de Chaville, aux religieux Célestins de Paris.

La fortune de Michel Le Tellier fut rapide et considérable, et son rôle à cette époque de notre histoire est connu. C'est à Mazarin qu'il dut sa haute fortune. « En ce temps, dit Bossuet dans l'*Oraison funèbre* du célèbre chancelier, Michel Le Tellier, encore maître des Requêtes, était intendant de justice en Piémont. Mazarin, que ses négociations attiraient souvent à Turin, fut ravi d'y trouver un homme d'une si grande capacité et d'une conduite si sûre dans les affaires. » Il en fit son auxiliaire, et Michel Le Tellier devint un des plus fermes soutiens de l'autorité royale de toutes parts menacée. Victime d'intrigues, avec Mazarin, il dut s'éloigner. « Poussé par la cabale, dit encore Bossuet, Chaville le vit tranquille durant plusieurs mois, au milieu de l'agitation de toute la France... Il goûtait un véritable repos dans la maison de ses pères, qu'il avait accommodée peu à peu à sa fortune présente, sans lui faire perdre les traces de l'ancienne simplicité. »

Michel Le Tellier s'était plu, en effet, à agrandir et orner sa maison de Chaville.

Le 29 mars 1645, il achetait la portion de Mme de Tilladet, sa sœur, moyennant 3.220 livres.

Le 29 juillet 1649, il faisait l'acquisition de tout ce qui appartenait à l'Hôtel-Dieu : maison seigneuriale, bâtiments, enclos, cour, jardin, et environ 182 arpents, en échange d'une ferme à Mitry, d'une contenance de 89 arpents 71 perches, et moyennant 18.000 livres de retour (1).

Son neveu, Jacques Le Tellier, héritier de Charles Le Tellier, son père, lui cédait, le 20 mars 1651, moyennant 23.000 livres, toutes les terres qu'il possédait dans le domaine.

Le 28 janvier 1660, René Le Tellier et sa femme, Françoise Briçonnet, lui vendaient pour 8.000 livres tournois, une maison avec ses dépendances situées devant le château. La maison fut démolie, et son emplacement devint la cour en demi-lune qui faisait face à la grille d'entrée. Les pierres servirent à la construction des murs du parc (2).

Enfin par contrat en date du 17 janvier 1661, le grand chancelier achetait les trois huitièmes et demi de la seigneurie de Viroflay, de demoiselle Charlotte Aymery, veuve de Claude Delaure, sieur de Chabert, et plusieurs pièces de terre, prés et bois en dépendant, moyennant 45.000 livres. La dame Aymery ne se réservait que la maison de Gaillon, tenant à ce nom, « parce que peu de temps avant, elle et son mari avaient mis hors leurs mains la terre et seigneurie de Gaillon, près Mantes, qui lui appar-

(1) Arch. nat., O¹ 3831.
(2) Bibliothèque de l'Arsenal, manusc. 3878.

tenait de son chef à elle (1). » Elle spécifia même
qu'elle et ses descendants pourraient en porter le
nom. Cependant le 14 août 1672, Michel Le Tellier
acquit la terre de Gaillon elle-même par voie d'é-
change. Il y établit une ménagerie, avec parterre,
terrasse et potager.

L'année précédente, Michel Le Tellier avait obtenu
que la ferme de l'Hôtel-Dieu fût réunie à Chaville
pour la taille. Cette ferme était située à un quart de
lieue d'Ursines, dont elle dépendait. En raison de
cette distance, ceux qui la tenaient à bail prirent
l'habitude de ne se point trouver aux assemblées
d'Ursines pour la nomination des collecteurs « qui se
font les jours de fêtes ou dimanches », assistant con-
tinuellement au service divin dans l'église de Chaville. Les collecteurs en profitèrent et les surchar-
gèrent à ce point de « tailles et autres impositions
qu'ils étaient contrainctz de quitter ladicte maison
ou ferme et de chercher ailleurs leur établissement
pour soulager leurs misères. » Ne pouvant plus
trouver fermier, le seigneur de Chaville demanda au
roi que l'ancienne ferme de l'Hôtel-Dieu fût réunie
à la paroisse de Chaville pour la taille, ce qui lui fut
accordé par lettres patentes en avril 1660 (2).

C'est à cette époque que le grand chancelier fit
construire une chapelle que le curé de Chaville,

(1) Arch. nat., O¹ 1516.
(2) Arch. de Seine-et-Oise, série E. Notaires et tabellions, 6348,
liasse.

délégué par l'archevêque de Paris, bénit à la fin du mois de juillet 1651.

En outre, Michel Le Tellier fit de nombreuses acquisitions à des particuliers.

C'est Jean Leclerc, écuyer, auditeur des bandes de Suisses, qui, en 1625, lui vend plusieurs pièces de terre et de vigne; — Toussaint Beauvais, marchand à Viroflay, Antoine Tricadeau, laboureur, et Marguerite Moriset, qui, en 1629, lui cèdent plusieurs terres; — François Niquet, curé de Chaville, qui, en 1665, lui abandonne un jardin appelé les Glaiziers, et dix perches appartenant au presbytère, moyennant 200 livres tournois (1).

Il fit aussi plusieurs échanges, notamment avec MM. de Saint-Pouange, de Doisu, Charles de Longueil, seigneur de Sèvres, de Vignolles, écuyer; et le 13 novembre 1660 avec l'Hôtel-Dieu de Paris, qui possédait encore à Chaville trois arpents et un quartier de terre pour lesquels il donna quatre arpents de terre sis à Villacoublay (2).

Au résumé, d'après un dénombrement fait en 1661, quinze maisons de particuliers entrèrent dans la formation du parc et des bâtiments.

Un autre dénombrement fait en 1662 donne au domaine une superficie de 529 arpents 54 perches et demie, à raison de vingt pieds de Roy par perche et de cent perches pour arpent. Le domaine était formé

(1) Arch. nat., O¹ 3832.
(2) *Ibid.*

4. — Vue du château de Chaville, d'après Perelle. Façade principale sur les jardins. (XVIIᵉ siècle.)

de deux parcs : le petit et le grand. Le premier contenait quarante-quatre arpents et soixante-quinze perches, y compris l'emplacement du château et des dépendances; le second, quatre cent quatre-vingt-arpents vingt-cinq perches, y compris le parc des Glaizières ou de la Vieille Plâtrière (1).

Le 2 janvier 1661, Michel Le Tellier avait obtenu un brevet pour faire clore de murailles six cents arpents. Le 13 février 1675, il en obtint un second l'autorisant à faire une augmentation de deux cents arpents, composés du fond de Morval et du Parc-aux-Vaches (2).

Mais ces clôtures privaient les habitants de leurs eaux. Mme la chancelière les leur rendit au dehors, sur un terrain d'environ trois arpents, situé entre les murs de son parc et le nouveau grand chemin, sur le bord de l'avenue, où elle fit construire un beau lavoir et un abreuvoir, qui étaient fournis par la décharge des superficies.

Ajoutons qu'en dehors du parc, le seigneur de Chaville possédait encore soixante-douze arpents environ de bois (3).

Mais un chemin public traversait la propriété. Par lettres patentes du 30 avril 1657, il obtint de changer ce chemin qui allait de Paris à Montfort-l'Amaury

(1) Arch. de la préfecture de Seine-et-Oise, A, 119 bis. — Bibl. de l'Arsenal, manusc. n° 3878.

(2) Archives nat., O¹ 3836.

(3) Arch. nat. — Dénombrement de 1669.

et en Normandie, et d'en établir un nouveau à travers les terres qui lui appartenaient au-dessous de son parc. Ce nouveau chemin est celui encore appelé « Route des Gardes ». Ce ne fut que vingt ans après, environ, que fut établie la grande route actuelle.

Enfin, Michel Le Tellier fit construire, vers 1660, à l'endroit même où était le manoir seigneurial de son aïeul, un superbe château dont Chamois fut l'architecte et dont les gravures de l'époque conservées à la Bibliothèque nationale nous montrent les vastes proportions (fig. 2, p. 17).

Au-devant de la porte d'entrée était une demi-lune que traversait une rue (1). Cette demi-lune avait une profondeur de 21 toises, soit 40 mètres 92 centimètres (2). Le chemin ne comptait que 3 toises, soit 5^m,84 (fig. 3, p. 33).

Une première grille donnait entrée dans une première cour; à droite étaient les écuries; à gauche, un canal qui tenait d'un bout à la ménagerie et basse-cour, et de l'autre à l'orangerie. La profondeur de cette cour était de 23 toises et demie, soit 45^m,80.

Une seconde grille s'ouvrait sur une seconde cour qui formait un carré parfait. A chacun des angles de la première entrée était un pavillon; celui de gauche servait de conciergerie; celui de droite formait la chapelle. Au fond se trouvait le château, dans lequel

(1) La rue actuelle de Jouy.
(2) La toise valait 1^m,949. (LITTRÉ, v^o *Toise*.)

on remarquait un vestibule et l'escalier hardi, qui passait pour un beau morceau. Des fossés entouraient le château et la seconde cour, dont la profondeur était de 20 toises, soit 38^m,98.

Ces mesures nous permettent de dire que le château était à environ 85 mètres de la rue de Jouy, plus le fossé qui séparait les deux cours.

De l'autre côté du château s'étendaient un parterre et une pelouse allant jusqu'au pavé des Gardes, et, disséminés dans toute la propriété, des bosquets, des cascades, des chemins bordés d'ifs et d'épicéas, le tout disposé dans le goût du parc de Versailles (fig. 4, p. 49).

Un mémoire des étangs et fontaines de Chaville qui se trouve aux Archives nationales (1) nous donne la disposition et l'importance des cascades et jets d'eau.

L'égout des bois alimentait l'étang de la Corvée. Une conduite de fer de six pouces conduisait ces eaux dans l'étang du château d'Ursines, dans le petit et le vieil étang d'Ursines et dans celui de la Porte.

Par ailleurs, l'étang de Velisy, qui se remplit des sources et de l'eau qui vient de l'égout des bois, communiquait son eau à l'étang Vert, à l'étang de M. le Chancelier, et enfin à l'étang de la Porte.

De cet étang de la Porte, l'eau était conduite par des tuyaux de plomb à travers le parc, où se trouvaient les bassins et les jets d'eau.

Citons le bassin du petit parterre, à droite du

(1) O¹ 1520, avec une carte.

château; — le bassin du point de vue, au bas de la propriété, près du mur; — la pièce des quatre jets, au milieu du parc actuel de M. Talamon; — le bassin rond, en haut du parterre qui était devant le château; — le jet de l'orangerie, à gauche des cours qui précèdent le château; — le bassin de l'étoile, à gauche du parterre, avec un jet d'eau (fig. 5, p. 57).

Autour de la pelouse qui, devant la façade principale, faisait suite au parterre, se trouvaient les bassins ronds des cascades, lesquels jouaient de trois en trois, et les bassins carrés qui jouaient de l'un à l'autre.

On y admirait encore des berceaux en octogone (fig. 6, p. 65), les dix jets d'eau du bassin de l'Isle, — l'ovale au bas de la pelouse; — l'aqueduc à l'extrémité de la propriété, — et le bosquet de l'Ile d'Amour (fig. 8 et 9 p. 81).

Ces détails nous permettent de croire conforme à la vérité cette inscription qui fut mise au bas d'une gravure représentant le château de l'illustre chancelier : *Les eaux et les environs de Chaville joints au couvert rendent cette maison un délicieux séjour, et sa veüe est l'une des plus agréables qui soit autour de Versailles.*

Notons qu'en décembre 1652, Le Tellier obtint des lettres patentes du Roi lui accordant pour le chauffage de sa maison de Chaville le droit de prendre soixante-dix cordes de bois par an dans la forêt de Montfort-l'Amaury. Ces lettres furent enregistrées au

Parlement, aux Eaux et forêts de la capitainerie et
gruerie de Montfort (1).

Santeuil a fait en vers latins le panégyrique du
chancelier. Il avait déjà fait une première pièce,
également en vers latins, intitulée : *La Nymphe
de Chaville, à l'entrée de M. Le Tellier dans Chaville* (2). Une traduction libre en vers français fut
faite de cette dernière poésie. Elle parut dans le *Mer-
cure* d'août 1679. En voici la reproduction.

> Lorsque le choix du Roy dans le grand Le Tellier
> Fit revoir à la France un digne chancelier,
> A peine le sceut-on, qu'une bouche fidelle
> A Chaville bientost en porta la nouvelle,
> Chaville, où ce héros va prendre quelquefois
> Un moment de relâche à ses graves emplois.
> Ce n'est point un palais d'admirable structure,
> Ny des jardins où l'art surpasse la nature.
> De l'ombre, quelques eaux et des berceaux galans,
> Font de cette maison les charmes les plus grands;
> Une propreté noble, une grâce champestre,
> C'est tout; ainsi le veut la sagesse du Maistre.
> Mais, loin de l'imiter, la nymphe de ces lieux,
> Aeglé, cachant toujours un cœur ambitieux,
> Le persuade enfin que tant de modestie,
> Avec un si haut rang serait mal assortie.
> Déjà, pour embellir ses jardins et ses eaux,
> Elle forme en secret mille projets nouveaux;
> Elle ne se croit plus une nymphe ordinaire;
> Les jeux accoutumés ne sçauraient plus luy plaire.
> Des hostesses des bois les simples entretiens
> Luy paraissent trop bas pour y mesler les siens;

(1) Arch. nat., O¹ 3836.
(2) *J. B. Santolii opera poetica*, édit. 1694, p. 126 et 155.

Et la superbe Æglé n'a plus rien à leur dire,
On veut toujours parler de tout ce qu'elle admire,
Tantost de ces grandeurs où son orgueil prétend,
Et tantost du Héros dont elle les attend.
Puis, pour leur en tracer une pompeuse image,
Elle peint des éclairs sortant de son visage,
Luy met dessus le front l'austère gravité,
Luy donne dans les mœurs plus de sévérité,
Décrit de son pouvoir les marques vénérables,
Fait voir autour de luy des armes redoutables,
Spectacles, je l'avoue, illustres, glorieux,
Mais inconnus encore à ces paisibles lieux.
Aussi les sœurs d'Æglé n'y trouvent pas grands charmes,
Le Héros sous ces traits leur donne trop d'alarmes.
L'une a peur que le bruit d'une nombreuse cour
Vienne souvent troubler leur tranquille séjour;
L'autre, qui cherche en luy sa douceur si connue,
Demande en soupirant ce qu'elle est devenue;
Et toutes, pour cacher leur crainte, ou leurs regrets,
Se retirent bientost dans leurs antres secrets.
Cependant Le Tellier vient avec peu de suite.
A son abord Æglé, par son devoir instruite,
Au dessus de son urne émeut de petits flots,
Et de leur doux murmure applaudit au Héros.
Mais, dieux! en le voyant, quelle surprise extrême,
De ne point découvrir cette pompe qu'elle aime,
Tout ce grand appareil vanté dans ses discours!
Il paraît à ses yeux tel qu'il parut toujours.
Ailleurs rien n'est changé; la fière sentinelle
N'usurpe point l'emploi de concierge fidelle,
On n'entend point parler de gardes n'y d'exempt,
... n'est point là dans son habit décent.
Costeaux qui vous cachez sous les vertes feuillées,
Bois, prez, tendres gazons, agréables valées,
Ce vous doit être un sort et bien noble et bien doux,
Que Le Tellier vous cherche, et se plaise avec vous.
Dans vos charmans détours, je le vois qui s'avance,
Bien loin autour de lui règne un profond silence;

3. — Les cascades de Chaville, d'après Perelle. (XVIIe siècle.)

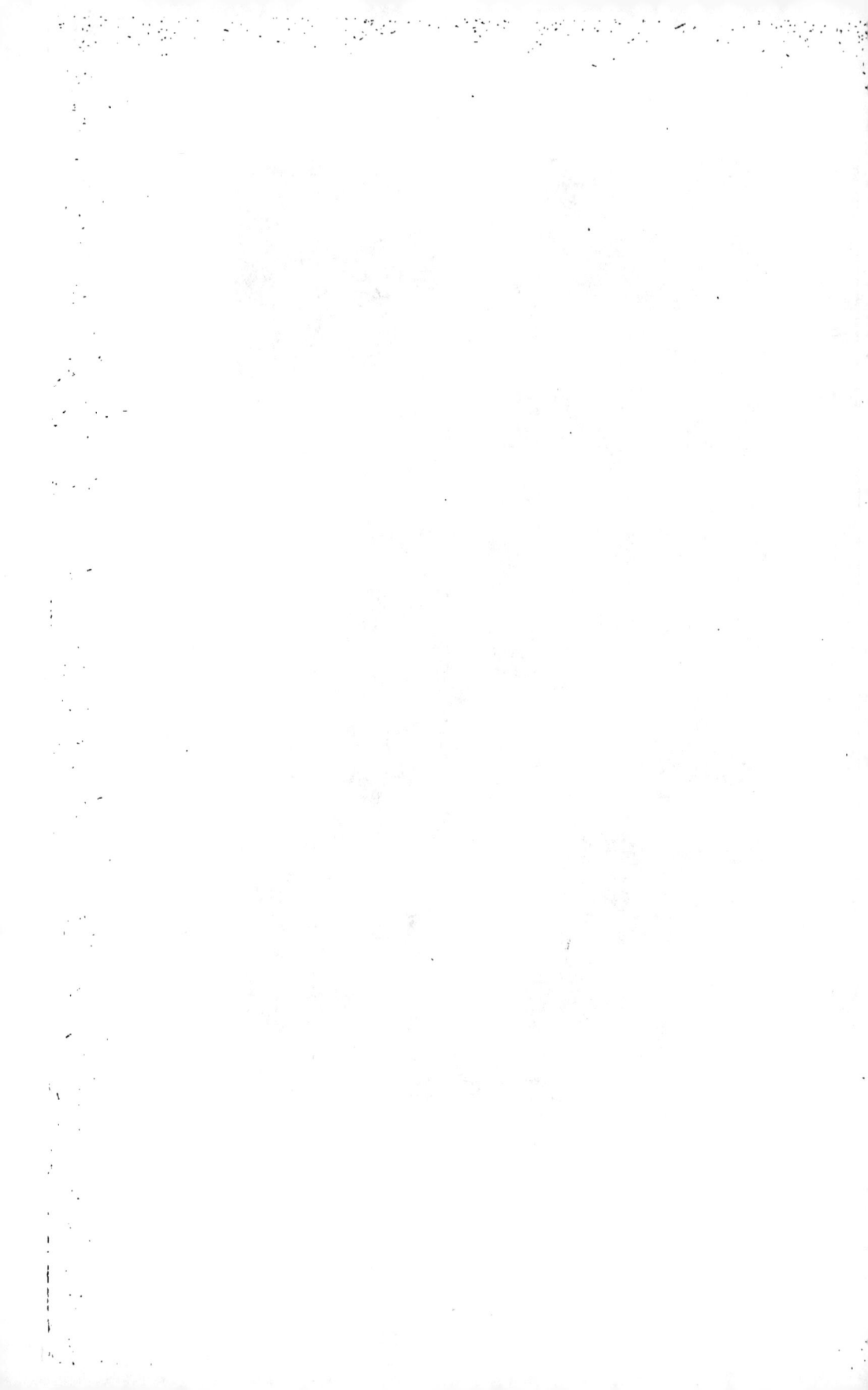

C'est ainsi que ces lieux semblent le vénérer ;
Le plus petit zéphir n'oserait respirer ;
Les chansons des oiseaux sont à l'instant cessées ;
Tout craint de le distraire en ses hautes pensées.
Mais non, chantez, oiseaux ; folàtrez, doux zéphirs ;
Il ne vient point gesner vos innocens plaisirs ;
Au lieu de ce respect, montrez-luy de la joye ;
C'est pour le divertir que le ciel vous envoye.
Tandis qu'il se promène en ces lieux pleins d'appas,
Une simple naïade au bruit que font ses pas,
A travers le cristal de sa demeure humide,
Ose le parcourir d'un œil prompt et timide,
Mais n'apercevant rien de ce qu'a dit Æglé,
Elle rend un doux calme à son esprit troublé !
Il semble que de joye au sortir de la source,
Pour l'aller publier, elle haste sa course ;
Tous les bois d'alentour sont bientost avertis,
Et les discours d'Æglé sont bientost démentis.
Vous verriez à sa voix revenir les Naïades,
Et de leurs troncs ouverts accourir les Driades,
Comme après un orage, on peut voir des pigeons
Que le soleil rassemble à ses premiers rayons.
A l'aspect du Héros ce n'est plus qu'allégresse,
La foule pour le voir se grossit et s'empresse.
Pan mesme, et ses Sylvains, venus de toutes parts,
Ont peine à contenter leurs avides regards.
Alors, comme à l'envy, sur leurs pipeaux rustiques,
Ils osent célébrer ses vertus héroïques,
Les oiseaux réjouis y meslent leurs concers,
Et la voix des échos les répand dans les airs.
Mais vous, qui demeurez interdite et confuse,
Æglé, reconnaissez que l'orgueil vous abuse,
Que pour les vrais Héros le faste est sans appas,
Et qu'ils soufrent la pompe, et ne la cherchent pas.

Il est à remarquer que tout en créant Chaville et
en l'embellissant, Michel Le Tellier resta dans les

limites « de l'ancienne simplicité ». C'est Bossuet qui le reconnaît en ces termes.

Déjà, de Chaville, Santeuil avait dit :

> Ce n'est point un palais d'admirable structure,
> Ny des jardins où l'art surpasse la nature.

Fléchier, de son côté, voulut en faire la constatation :

« A-t-on vu dans ses actions, et dans sa conduite, quelque apparence de vanité? s'écria-t-il dans l'*Oraison funèbre* du Chancelier ; a-t-il répandu en superfluités de festins ou de bâtiments ce qu'il tenait des libéralités du Roi? a-t-il prodigué des trésors pour embellir ses maisons, et forcé la nature et les éléments pour orner ses solitudes? Qu'a-t-il cherché dans sa retraite de Chaville, que les pures délices de la campagne? Et quelle peine n'eut-on pas à lui persuader d'étendre un peu, en faveur de sa dignité, les limites de son patrimoine, et d'ajouter quelques politesses de l'art aux agréments rustiques de la nature? »

En 1651, le Roi accorda à Michel Le Tellier, par lettres vérifiées en Parlement le 21 août, le droit de haute, basse et moyenne justice.

Au cours de l'année 1663, un procès, dont les Archives nationales (1) nous ont conservé la procédure, se déroula à la prévôté de Chaville, et eut pour con-

(1) O¹ 3831.

clusion une exécution capitale. Voici le résumé de
cette affaire dont quelques détails intéresseront.

Le 18 juillet, le curé de Lommoye, Messire Michel
Pinaut, se rendait à Paris avec un nommé Jean Vassot,
marchand à Saugy, près d'Épernon. Tous deux sor-
taient de Versailles, quand, arrivés à Porchefontaine,
deux cavaliers se jetèrent sur eux, les dépouillèrent
et prirent la fuite; pas assez rapidement cependant pour n'être pas aperçus par des domestiques du
marquis de Louvois, qui se mirent à leur poursuite
et s'emparèrent de l'un d'eux. C'était un nommé
Henri Rateau, vigneron, célibataire, âgé de vingt-
trois ans et natif de Bougival.

Le procès s'instruisit et fit découvrir que l'accusé
n'était autre que le criminel qui, le 9 juillet précédent, avait assassiné, sur le grand chemin de Chartres, dans les bois de Saint-Léger, un chirurgien de
Saint-Cloud, du nom de Mathurin Bourgeois.

Henri Rateau fut « condamné à avoir les bras,
cuisses et reins rompus vifs sur un échafaud dressé
à cette fin au principal carrefour de Chaville, son
corps mis sur une roue plantée près ledit échafaud, ayant la face tournée vers le ciel pour y
demeurer tant qu'il plaira à Dieu l'y laisser vivre;
son corps mort porté sur le grand chemin de Chaville à Paris. »

La sentence fut exécutée le 24 juillet. Vers onze
heures du matin, Anthoine Le Rouge, juge-commis
en la prévôté de Chaville, fit comparaître Henri

Rateau, dit la Chaussée, le fit agenouiller, lié par les bras, et lui signifia que l'appel fait par lui de son jugement était repoussé par nos seigneurs du Parlement.

On le conduisit ensuite à la chapelle du château « pour songer à sa conscience ».

A trois heures, le juge revint à la chapelle, où il trouva le condamné avec son confesseur. Il lui demanda s'il n'avait pas d'aveux à faire. Rateau reconnut alors que, trois ans auparavant, étant soldat au régiment des gardes du seigneur de Courcelles, il avait fait « cinq ou six vols sur le grand chemin de Nanterre à Paris, avec les nommés : la Chapelle, à présent dans le régiment de Mgr le Dauphin, Dupont qui a été tué, Joly-Cœur de Meaux, et le nommé d'Assy qui était soldat avec lui ».

Il avoua aussi avoir volé un marchand sur le chemin de Saint-Denis, et avoir dépouillé plusieurs paysans. Il reconnut même qu'il avait volé l'habit qu'il portait à un homme de Fontainebleau à qui il prit en même temps seize ou dix-sept pistoles.

Après ces aveux, le condamné fut conduit au lieu du supplice, où il fut exécuté, selon la teneur de la sentence, par le bourreau, nommé André Guillaume.

Michel Le Tellier mourut le 30 octobre 1685, à l'âge de quatre-vingt-trois ans.

Bossuet, qui prononça son oraison funèbre, nous a laissé des détails sur son édifiante mort.

A la fin de sa vie, « de fréquentes maladies le mi-

rent souvent aux prises avec la mort, dit-il. Exercé
par tant de combats, il en sortait toujours plus
fort et plus résigné à la volonté divine. »

Il fit alors « les plus graves réflexions sur la caducité de son âge, et sur le désordre extrême que
causerait, dans l'État, une si grande autorité dans
des mains trop faibles. Ce qu'il avait vu arriver à
tant de sages vieillards, qui semblaient n'être plus
rien que leur ombre propre, le rendait continuel-
lement attentif à lui-même... Il conjurait ses enfants, par toute la tendresse qu'il avait pour eux,
et par toute leur reconnaissance, de l'avertir de
bonne heure quand ils verraient sa mémoire va-
ciller, ou son jugement s'affaiblir; afin que par un
reste de force, il pût garantir le public et sa propre
conscience des maux dont les menaçait l'infirmité de
son âge. Et lors même qu'il sentait son esprit entier,
il prononçait la même sentence, si le corps abattu
n'y répondait pas,... et plutôt que de voir les affaires
languir avec lui, si ses forces ne lui revenaient, il se
condamnait, en rendant les sceaux, à rentrer dans
la vie privée, dont aussi jamais il n'avait perdu le
goût; au hasard de s'ensevelir tout vivant, et de
vivre peut-être assez pour se voir longtemps traversé par la dignité 'qu'il aurait quittée : tant il
était au-dessus de sa propre élévation, et de toutes
les grandeurs humaines.

« Enfin la mort se déclare : on ne tente plus de
remède contre ses funestes attaques : dix jours en-

tiers, il la considère avec un visage assuré, tranquille. Toujours assis, comme son mal le demandait, on croit assister jusqu'à la fin, ou à la paisible audience d'un ministre, ou à la douce conversation d'un ami commode. Souvent il s'entretient seul avec la mort : la mémoire, le raisonnement, la parole ferme, et aussi vivant par l'esprit qu'il était mourant par le corps, il semble lui demander d'où vient qu'on la nomme cruelle. Elle lui fut, nuit et jour, toujours présente, car il ne connaissait plus le sommeil, et la froide main de la mort pouvait seule lui clore les yeux. Jamais il ne fut si attentif : Je suis, disait-il, en faction. »

Son fils, Charles Le Tellier, archevêque de Reims, lui annonça que le terme de sa vie approchait. « Il trouva, continue Bossuet, ce qu'il espérait, un chrétien, préparé à tout, qui attendait ce dernier office de sa piété. L'Extrême-Onction, annoncée par la même bouche à ce philosophe chrétien, excite autant sa piété, qu'avait fait le saint viatique. Les saintes prières des agonisants réveillent sa foi : son âme s'épanche dans les célestes cantiques ; et vous diriez qu'il soit devenu un autre David par l'application qu'il se fait à lui-même de ses divins psaumes.

« Un peu après, parmi ses langueurs, et percé de douleurs aiguës, le courageux vieillard se lève ; et les bras en haut, après avoir demandé la persévérance : Je ne désire point, dit-il, la fin de mes peines ; mais je désire de voir Dieu. »

Fig. 6. — Berceau de treillage du jardin de Chaville, d'après Perelle. (XVIIᵉ siècle.)

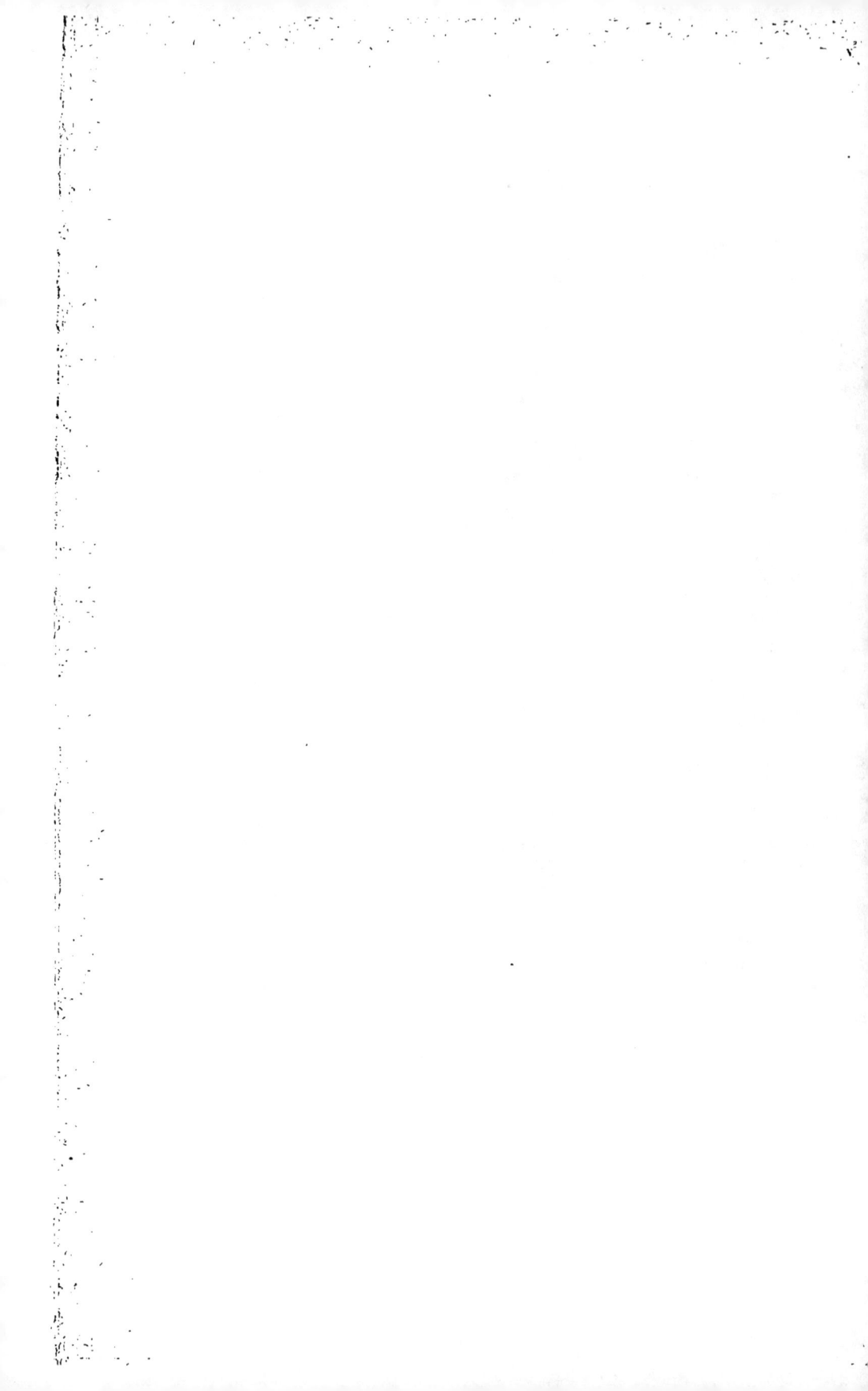

Enfin, prêt à rendre l'âme : « Je rends grâces à Dieu, dit-il, de voir défaillir mon corps devant mon esprit. » Il commença l'hymne des divines miséricordes : *Je chanterai éternellement les miséricordes du Seigneur* (1). Et il expira en disant ces mots.

Michel Le Tellier avait épousé, le 12 février 1629, Élisabeth Turpin, fille de Jean Turpin, seigneur de Vauvredon en Berry, et de Marie Chapelier.

Il eut trois enfants :

1° François-Michel Le Tellier, marquis de Louvois, le célèbre ministre de Louis XIV. Michel Le Tellier lui avait fait obtenir la survivance de sa charge de secrétaire d'État, et, à ce propos, les chroniques racontent un fait qui est à la gloire et du père et du fils. Tout d'abord, le jeune secrétaire d'État s'était montré très appliqué aux devoirs de sa charge; mais peu à peu, subissant l'influence des plaisirs, il avait négligé ses hautes et délicates fonctions. Michel Le Tellier n'hésita pas. Il pria le chevalier de la Hillière, intime ami et confident du jeune marquis, de déclarer à son fils qu'il lui donnait quinze jours pour choisir entre la révocation et la démission. Le jeune homme ne s'arrêta ni à l'une ni à l'autre de ces alternatives; mais, se mettant au travail, il traita les affaires avec un tel zèle et une telle habileté, que son père étendit le délai, et bientôt eut la joie de voir son fils revenir

(1) Psaume LXXXVIII, 2.

au travail et à l'honneur. C'est ainsi que la fermeté paternelle et l'énergie filiale donnèrent à la France un de ses plus grands ministres.

Le deuxième fils de Michel Le Tellier fut Charles Maurice Le Tellier qui mourut archevêque de Reims dont il avait obtenu la coadjutorerie, à l'âge de vingt-sept ans.

Il eut aussi une fille, Madeleine Le Tellier, qui épousa le duc d'Aumont.

Michel Le Tellier fut inhumé à Paris, dans l'église Saint-Gervais, où Bossuet prononça son oraison funèbre. On y voit encore le superbe mausolée qui lui fut élevé par Mazeline et Hurtrelle (fig. 10, p. 89). On y lisait cette inscription aujourd'hui disparue :

A LA GLOIRE DE DIEU
ET A LA MÉMOIRE IMMORTELLE DE MICHEL LE TELLIER,
CHANCELIER DE FRANCE,
ILLUSTRE PAR SA FIDÉLITÉ INVIOLABLE ENVERS SON PRINCE,
ET PAR SA CONDUITE TOUJOURS SAGE,
TOUJOURS HEUREUSE.

Il fut nommé par le roi Louis XIII pour remplir la charge de secrétaire d'Estat de la guerre, et en commença les fonctions la première année de la Régence d'Anne d'Autriche; durant des temps difficiles, il n'eust d'autre interest que son devoir, et fut regardé de tous les partis comme le plus habile et le plus zélé deffenseur de l'authorité royale. Louis le Grand ayant résolu de gouverner toutes les choses par luy-mesme, le choisit pour estre un des principaux ministres de ses vo-

lontez, se servit de luy pour restablir l'ordre dans son estat
et la discipline dans ses armées, et l'éleva depuis à la di-
gnité de chancelier. Dans cette longue suite d'honneurs, il
signala sa piété envers Dieu, sa passion pour la gloire de
son Roy, son amour pour le bien de l'Estat, et fit également
admirer en luy le grand sens, l'équité, la modestie; enfin à
l'âge de LXXXIII ans, le XXX octobre MDCLXXXV, huict
jours après qu'il eust scellé la révocation de l'édit de Nan-
tes, content d'avoir veu consommer ce grand ouvrage, et tout
plein de pensées de l'éternité, il expira dans les bras de sa
famille, pleuré des peuples et regretté de Louis le Grand (1).

On a beaucoup reproché à ce grand chancelier
la révocation de l'édit de Nantes. On raconte même
que l'ayant signé, mourant, il retomba en s'é-
criant : « *Nunc dimittis! Maintenant, Seigneur,*
vous pouvez prendre votre serviteur, car il a vu le
salut. »

Nous n'avons pas à défendre ici la mémoire du
grand ministre. Nous voulons seulement faire remarquer que cette révocation ne fut qu'une conséquence de la politique de Louis XIV, « à qui, dit
M. Duruy (2), l'unité religieuse semblait aussi nécessaire que l'unité politique. » Ayant établi l'une,
il voulut établir l'autre.

A ses yeux, remarque un autre historien (3) « les

(1) Bibl. nat. Estampes, collection Gaignières Pᵉ Lᵗ fol. 21 et 22.
(2) *Hist. de France*, II, p. 257.
(3) *Hist. de France à l'usage des candidats aux baccalauréats*, collection F. T. D., cours supérieur, p. 401.

réformés étaient des révolutionnaires dans la foi, suspects de devenir à l'occasion des révolutionnaires politiques ».

Et de fait, en de trop nombreuses circonstances que l'histoire consigne, les protestants s'insurgèrent contre l'autorité royale, notamment sous Louis XIII, qui dut lever des armées pour reprendre La Rochelle et Montauban, et jusque sous Louis XIV, plus en particulier pendant la guerre de Hollande. « La France, bornée dans ses triomphes par la Hollande, dit Michelet, sentait dans son sein une autre Hollande qui se réjouissait des succès de la première. »

Ainsi se réalisait la parole de Henri IV à Sully : « L'édit de Nantes n'est rien moins que la création d'un État républicain, au milieu de la France. »

Or, c'est de ces révoltes incessantes, et de cet État dans l'État, qu'est sortie la révocation de l'édit de de Nantes.

Ajoutons qu'il est aujourd'hui établi que cette révocation ne fit pas sortir de France, comme on l'a prétendu, 300.000 protestants, mais tout au plus 50.000 (1).

Faisons aussi remarquer que l'Église ne fut pour rien dans cet acte purement politique, qui s'accomplit en dehors du Pape. « Jésus-Christ, déclara Innocent XI, ne s'est pas servi de cette méthode; il faut

_____

(1) Caveyrac, abbé Rivaux, Barthélemy, abbé Moigno.

conduire les hommes dans le temple, et non les y trainer. »

Michel Le Tellier fut le dernier seigneur de Chaville. Le 8 et le 11 décembre 1695, la chancelière vendit le domaine à Louis XIV en même temps que celui de Viroflay et de Villacoublay, le tout moyennant la somme de 390.000 livres.

« Elle mourut, dit S. Simon, à plus de quatre-vingt-dix ans, ayant conservé sa tête et sa santé jusqu'à la fin, et une grande autorité dans sa famille, à qui elle laissa trois millions de biens (1). »

Dans l'acte d'achat du 11 décembre 1695, le Roi fit donation de la terre de Chaville à « très haut et très puissant et très excellent prince Mgr Louis, dauphin de France, fils unique de Sa Majesté... lesdites terres et biens estant convenables pour la décoration et commodités de la terre et baronnie de Meudon qu'il a acquises de la marquise de Louvois (2) ».

C'est alors que les murs furent supprimés et Chaville et Meudon ne formèrent plus qu'un domaine d'autant plus vaste que Louis XIV avait acheté de l'abbé de Louvois la terre d'Ursines, moyennant 259.750 livres (3).

(1) *Mémoires*, IV, p. 17.
(2) Arch. nat., O¹ 3837.
(3) La prévôté de Chaville fut réunie au bailliage de Meudon par lettres patentes du Roi Louis XIV, en date du mois d'octobre 1704. (Arch. nat., O¹1517.)

Ajoutons que les Le Tellier portaient : « D'azur, à trois lézards d'argent, posés en pal, rangés en fasce, au chef cousu de gueules, chargé de trois étoiles d'or ».

7 — Fac-similé des armes des Le Tellier. Pierre du XVIIᵉ siècle, retrouvée dans un mur de la rue de la Mare-Adam.

CHAPITRE IV

CHAVILLE APRÈS LES LE TELLIER
1695-1897.

La résidence du Dauphin était le château de Meudon. La superbe habitation de Michel Le Tellier fut donc quelque peu délaissée jusqu'en 1711, époque de la mort du Dauphin (1).

Si l'on en croit, les mémoires du temps ce serait à Chaville que l'héritier du grand Roi contracta la maladie qui l'emporta en quelques jours.

Le lendemain de la fête de Pâques 1711, il se rendait à Meudon, quand, arrivé à Chaville, il rencontra un prêtre qui portait le saint viatique à un malade. Aussitôt il fit arrêter la voiture, descendit, pieusement s'agenouilla avec Madame la Duchesse de Bourgogne, et, le prêtre étant passé, demanda de quelle maladie le moribond était atteint. On lui dit que c'était de la petite vérole.

M. le Dauphin, qui n'avait eu, étant enfant, qu'une

(1) Un bail fait en son nom le dit « Seigneur de Chaville, Viroflay et autres lieux. » (Arch. paroiss.).

petite vérole légère et volante, avait une terreur continuelle de cette maladie. Aussi la réponse lui fit-elle impression ; et, le soir, en causant avec son premier médecin Boudin, il lui dit qu'il ne serait nullement étonné d'avoir, avant quelques jours, la petite vérole.

Le lendemain jeudi, 11 avril, il se leva, mais en s'habillant, il se trouva faible et tomba sur une chaise. Il se remit au lit, la maladie se déclara et le dimanche 14 avril 1711, il mourait de la petite vérole.

Peu après la mort du Dauphin, le Roi donna au prince de Talmont la jouissance à vie du domaine de Chaville, à la réserve toutefois des bois des avenues, de ceux des bosquets, des jardins, et des gros ormes, au nombre de dix ou douze, qui se trouvaient dans l'avant-cour du château.

L'administration des Bâtiments faisait couper et élaguer ces arbres au profit du Roi.

A la mort du prince de Talmont, le duc et la duchesse de Brancas, par brevet du Roi en date du 29 juillet 1737, obtinrent la jouissance à vie du domaine de Chaville.

Ils le possédèrent jusqu'à leur mort en 1758. A cette époque, la jouissance en fut accordée au maréchal de Tessé.

Cependant le château de Le Tellier, étant peu entretenu par ses usufruitiers, tombait en « totale ruine » (1). Un arrêt du conseil d'État rendu le 12 dé-

_____

(1) Arch. nat., O¹ 1517.

cembre 1764 ordonna que le château et les dépendances, sauf l'orangerie et la ferme, fussent démolis
par les soins du sieur Aubert, entrepreneur des ponts
et chaussées. Il fut en outre ordonné qu'on abattît
tous les bois dépendants de Chaville, tant au dehors
qu'au dedans du parc. La valeur de ces bois se
monta à environ 36.000 livres.

Deux ans après en 1766, le Roi fit construire avec
les démolitions un autre château à quatre-vingts
toises du premier, sur le même alignement, et fit
planter de nouveaux jardins.

En 1769, le domaine vendit au profit du Roi, pour
la somme de 63.200 livres, tous les arbres, pins ou épicéas, qui formaient les allées de l'ancien grand parc.

A cette époque, le petit parc était encore de
soixante-sept arpents quinze perches, à dix-huit pieds
pour perche, mesure de Chaville (1).

Quand la Révolution survint, Chaville fut mor-
celé et mis en vente.

Le 14 prairial an II, un rendez-vous de chasse,
sept arpents et demi de chasse, l'étang dit de Colin
Porcher, une pièce de terre et les matériaux d'une
petite construction servant de bûcher, le tout situé
sur la route d'Ursines à la Calotte, furent vendus à
Claude-Jacques Frémin, demeurant à Chaville, pour
la somme de 10.200 francs.

L'année suivante, le 8 pluviôse, Philippe Feuillet,

(1) Arch. nat. O¹ 1518., Plan de Meudon et Chaville, gravé par Le
Rouge, en 1780.

demeurant à Versailles, boulevard de la Liberté, 11
(boulevard du Roi), achetait pour 7.500 francs la
ferme avec cour et jardin, le tout contenant quatre-
vingts perches douze pieds et six pouces.

Un an après, le 11 messidor, ce même Feuillet,
ajoutait à la ferme soixante-trois perches de terre, et
soixante arpents cinquante-sept pieds et demi de
plaine entre Viroflay et Chaville pour la somme
42.328 fr. 37 centimes.

La même année, le 13 fructidor, François Voisin,
faisait l'acquisition 1° de trente-cinq perches deux
pieds de terre « où est un lavoir » et treize perches
et demie de terre, pour 269 fr. 50 ; 2° d'une pièce de
terre contenant un arpent et demi et un tiers d'arpent, moyennant 848 fr. 76 ; et, trois jours après,
3° de quatre arpents 33 pieds de terre au lieu dit
« la source » en une seule pièce pour 1.530 fr. 90.

L'an V, le 23 nivôse, un nommé Jean Huet, acheta
vingt-sept perches de terre formant angles de route
pour 208 fr., et, le 22 pluviôse, Jean-François Delaporte, moyennant 1.245 fr. 20, devint acquéreur de
vingt-deux arpents 49 pieds 4 pouces de terre, situés
sur Sèvres, Meudon et Chaville.

Mais le principal acquéreur fut un représentant
du peuple nommé Gouly. Le château, le parc, les
dépendances contenant cinquante-cinq arpents quarante pieds ; plus huit arpents quarante-sept pieds
de terrains vagues, lui furent vendus, le 26 messidor
an IV, pour la somme de 143.872 fr. 30 centimes.

Ce Gouly (Marie-Benoît) était fils d'un chaudronnier de Bourg-en-Bresse. Il était né en 1750.

Quand la Révolution éclata, il était aux Indes, à Port-Louis, où il exerçait la médecine. Il accepta les principes révolutionnaires avec empressement, sinon avec conviction, se fit nommer député aux États généraux où il ne siégea pas, et, le 12 mars 1793, député à la Convention nationale. Il partit alors pour la France, fut pris dans la traversée par les Anglais qui le gardèrent trois mois en captivité, et fit une entrée sensationnelle, le 5 octobre, à l'Assemblée. Étant monté à la tribune, avec la phraséologie de l'époque, il dit les sentiments républicains des habitants de l'Ile-de-France dont onze cantons avaient planté, au milieu de la joie publique, un arbre de la liberté.

Il offrit ensuite en leur nom divers dons patriotiques, notamment l'engagement d'armer et d'entretenir un gendarme pendant toute la guerre, une offrande de 6.000 fr., 150 livres d'indigo, et 13 livres pesant de matière d'or et d'argent. Mais ce dernier objet fut seul déposé sur le bureau. Le reste avait été capturé par les Anglais qui n'avaient pas davantage respecté les biens personnels du représentant du peuple; car Gouly termina sa harangue patriotique en se déclarant... sans ressources. Aussitôt Merlin de Douai se lève et propose de voter une indemnité au courageux représentant. La Convention accepte, et Gouly triomphant, au milieu des applaudissements, va se placer au sommet de la Montagne.

En 1793, Gouly fut chargé d'une mission dans les départements de l'Ain et de Saône-et-Loire, ce qui lui évita de voter la mort de Louis XVI.

Rappelé pour cause de modérantisme, dit-on, il devint cependant secrétaire de la société des Jacobins. Mais, après la chute de Robespierre, il se montra très hostile aux terroristes et parut ne plus avoir qu'une préoccupation, celle de faire oublier la part qu'il avait prise aux événements accomplis.

Il entra dans la suite au Conseil des Anciens, d'où il sortit en mai 1797. Il abandonna alors la scène politique et se retira à Chaville. Il mourut le 9 janvier 1823 (1), à Versailles, d'après Larousse; — à Chaville, d'après Michaud et plusieurs autres biographes. Mais ni les actes paroissiaux et municipaux de Chaville, ni les registres de l'état civil de Versailles ne font mention de ce décès.

En 1860, ses descendants placèrent, au sommet du cimetière de Chaville, une plaque de marbre incrustée dans le mur, portant écrite en anglais, l'inscription suivante :

PRÈS DE CET ENDROIT

DANS CE CIMETIÈRE DE LA PAROISSE NOTRE-DAME

(1) Un titre de 1822, possédé par M. Courot, porte que Gouly était ancien médecin du Roi, chevalier de l'Ordre de Saint-Michel. Acte passé devant Mᵉ Demontmort, notaire à Sèvres.

DE CHAVILLE

ÉTAIENT ENTERRÉS,

EN 1824, MARY HONYMAN GOULY, AGÉE DE 20 MOIS

EN 1828, GUSTAVE CONSTANT, AGÉ DE 10 ANS

EN 1832, MARIE ÉLISABETH CHAUDIER, Vve GOULY,

AGÉE DE 55 ANS (1).

Après une longue absence en pays étranger et bien des efforts sans résultat pour retrouver ces tombeaux, les parents survivants ont érigé en 1860 cette plaque en leur mémoire, et en témoignage de leur affection, de leur respect et de leur gratitude à une mère affectueuse et dévouée.

« Je verrai Dieu dans ma chair,
quoique les vers rongent mon corps. »
Job., xix, 26.

Quand M. Gouly mourut, il ne possédait plus le domaine de Chaville. Avec M. de Chazenave, son co-propriétaire indivis, il l'avait vendu, le 31 mai 1817, moyennant 67.250 francs, à M. et Mme Cazalot (2). Ceux-ci y firent des agrandissements, et, notamment, firent construire, en 1818, la maison actuelle, dont le premier étage, plus étroit, avait la forme d'un belvédère.

Le 24 juillet 1830, ils mirent la propriété en adjudication au prix de 200.000 francs. Sa contenance était alors, dit l'affiche d'adjudication (3), de vingt-

(1) L'omission du nom de Marie-Benoit Gouly, sur cette plaque, nous porte à croire que ce représentant du peuple ne mourut point à Chaville.

(2) Née Rieussec.

(3) Bibl. nat., estampes.

quatre hectares (soixante-neuf arpents), enclos de murs. Deux entrées y donnaient accès : l'une, sur la route de Paris à Versailles; l'autre, sur le chemin de Chaville à Meudon.

Dans la cour, entre la maison et les communs était déjà le mur d'appui surmonté d'une grille de fer qu'on y voit encore aujourd'hui. Le jardin, dessiné à l'anglaise, possédait une vaste prairie naturelle. Une rivière, que traversait un pont léger, serpentait à travers une partie notable de la propriété, et des ruines, des rochers, des quinconces en faisaient un des plus délicieux séjours des environs de Paris. L'un de ces rochers portait le nom de « rocher Garenne », et une chaumière était appelée « la maison du pauvre homme » (1).

Ce fut M. Boudeville, directeur de la Compagnie des Indes, qui s'en rendit alors acquéreur moyennant 230.270 francs.

En 1838, le parc fut partagé en deux par le chemin de fer de l'Ouest, sur la rive gauche.

Mais l'année suivante, le 15 mars, M. Boudeville étant mort, le domaine ainsi partagé devenait la propriété de M. Fourchon, son légataire universel.

Celui-ci vendit, le 4 décembre 1862, la partie haute, avoisinant la rue de Jouy, à M. Le Prévost,

---

(1) Cette chaumière se trouve enclavée dans la propriété de M. Courot. On assure que La Fayette fugitif y trouva un refuge pendant plusieurs jours.

8. — La fontaine de l'Isle, d'après Perelle.
(XVIIᵉ siècle.)

9. — Les petites cascades de Chaville, d'après Perelle.
(XVIIᵉ siècle.)

fondateur des Frères de Saint-Vincent de Paul, qui y mourut le 30 octobre 1874, et dont le corps repose dans la chapelle de cet établissement. Cette partie avait une contenance de quatre hectares dix-sept ares quatre-vingts centiares.

Enfin, la seconde partie du parc de Michel Le Tellier, aboutissant à la grande route de Paris à Versailles, fut achetée à Mme Vve Fourchon, le 17 août 1883, par M. Talamon.

Lotisé, ce vaste terrain s'est couvert de charmantes villas qui, avec la propriété Montgobert, située sur l'autre versant et également lotisée, sont devenues, aux jours d'été, le rendez-vous d'une population aussi chrétienne que choisie. Que Dieu lui conserve toujours ce double caractère!

Vers 1815, près de cette villa Montgobert, une assez importante partie de territoire fut transformée en parc, et une maison, en forme de chalet, y fut construite pour le séjour du comte d'Artois qui, jusqu'à son avènement au trône, sous le nom de Charles X, se tint éloigné des affaires. Plus tard, elle fut acquise par le marquis du Hallay-Coëtquen, et devint, en 1866, la propriété de M. Marmo. Elle appartient aujourd'hui à Mme Lefebvre, née Marmo.

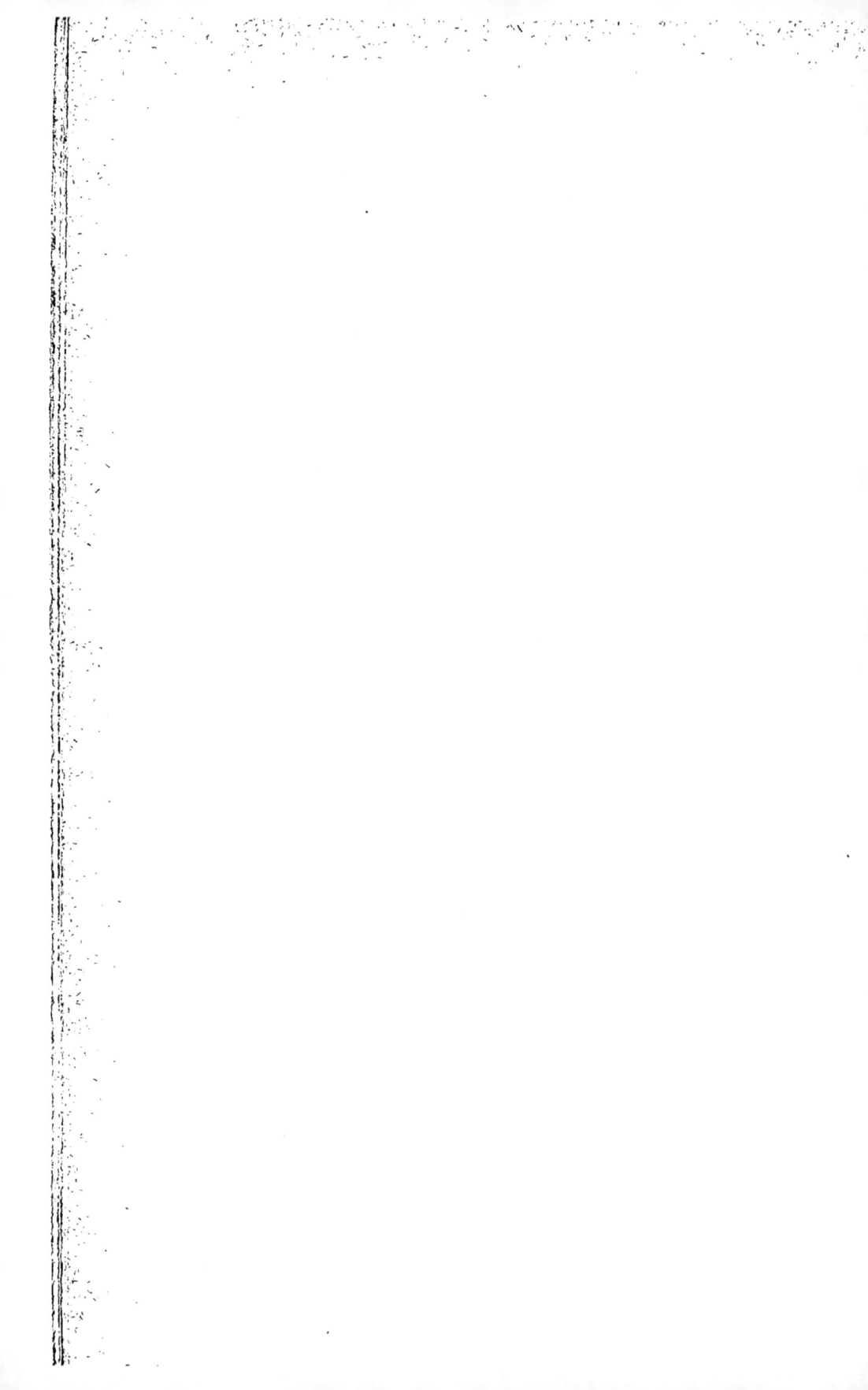

CHAPITRE V

CHAVILLE PENDANT LA RÉVOLUTION

Si la lecture des événements révolutionnaires qui marquèrent la fin du siècle dernier est des plus poignantes, le récit des menus faits qui en furent le contre-coup dans les localités voisines de Paris n'est pas sans intérêt.

Grâce aux délibérations du corps municipal de Chaville, nous pouvons suivre, presque pas à pas, cette Révolution qui, née sous un souffle ardent de liberté et de fraternité, a abouti au sang des échafauds et au sceptre de fer de César.

La constitution des États généraux en Assemblée nationale, l'insurrection de Paris, la prise de la Bastille, le 10 août, les journées d'octobre, troublèrent profondément Paris et sa banlieue.

Dès les premiers jours, la sécurité fut menacée ; bientôt des troubles se produisirent, et, dans la plupart des localités, on dut organiser une garde bourgeoise.

Chaville fut du nombre de ces localités. Le 2 août

1789, sur la proposition du syndic, les habitants se réunirent, et, « vu l'intérêt de la conservation des biens de toute nature, et le danger qui, d'après les troubles survenus de toute part par une multitude de gens sans aveu, pourraient les menacer (1) » établirent une garde civique. Le curé, avec un comité de six personnes, fut chargé de rédiger le règlement de police et de nommer les divisions de garde.

Le 14 décembre 1789, l'Assemblée nationale avait prescrit la formation des municipalités. Une proclamation du Roi ordonna la mise à exécution de ce décret. Le 31 janvier 1790, dimanche de la Septuagésime, la grosse cloche étant sonnée, à deux heures de relevée, les habitants de Chaville se réunirent à l'église.

Le curé, Jean-Nicolas Georges, fut chargé « par la voix unanime » d'expliquer l'objet de la convocation. On le nomma président, et, après trois tours de scrutin, à la pluralité relative, Achille-Jean-Baptiste Laroque fut élu maire.

Le dimanche suivant, quarante et un citoyens étant réunis, nommèrent membres municipaux : Jean-Baptiste Beauvais, Jacques Doublémont, Louis Garnier, Jean Deloraille et Pierre François Lefèvre. Au second tour de scrutin Pierre-Paul Moufle fut proclamé procureur de la commune.

Enfin, le lendemain, trente et un votants nommè-

(1) Arch. de la mairie.

rent les notables au nombre de douze. Ce furent :
Jean Lépine, Jean Sarazin, Jacques Dada, Eugène
David, Pierre Nesme, Mathias Vincent, François
Salle, Pierre Genty, François Freugie, Jean-Baptiste
Le Loutre, Germain Breton, et Claude Perin.

Une des premières délibérations de cette municipalité est typique, et montre combien grand était à
cette époque, et, quelque peu puéril dans son application, le besoin d'égalité qui travaillait les esprits.

Conformément à la coutume, des parts plus importantes de pain bénit, à la messe solennelle, étaient
réservées au clergé, au seigneur et à sa famille, aux
marguilliers et aux officiers municipaux. Les nouveaux élus mirent bon ordre à un aussi criant abus,
et, le 11 avril 1790, ils décrétaient à l'unanimité
que « la distribution du pain bénit se ferait désormais en part égale à tous les assistants, sans aucune
distinction quelconque, pas même du clergé en
fonctions, sur la demande de M. le Curé, ni de marguilliers, ni d'officiers municipaux; et cela, afin de
maintenir l'union et l'édification ».

Dans cette même séance du 11 avril 1790, les nouveaux élus formulèrent un blâme fortement motivé
contre le vicaire nommé Salle. Le malheureux prêtre n'était rien moins accusé que de ne point faire
le catéchisme, et de mal faire la classe; voire même
de ne pas contribuer à l'édification publique, attendu
qu'à l'église « il s'y tient comme un étranger sans
prendre part à rien, s'y refuse à y chanter l'office,

et même l'épître aux grand'messes,... qu'il est si peu instruit qu'il n'a pu baptiser un enfant au nommé Roger pendant l'absence de M. le Curé aux États généraux. »

Mais la gravité des événements qui se précipitaient devait absorber l'attention des nouveaux édiles sur de plus importantes questions.

Un décret de l'Assemblée nationale avait ordonné d'envoyer six hommes sur cent au district, afin que là, un homme sur deux cents fut choisi et envoyé à Paris, à la Fédération générale des Gardes nationales du royaume, le 14 juillet suivant.

Chaville, ne possédant pas de garde nationale, dut en organiser une en toute hâte; ce qui fut fait le 27 juin 1790. Antoine Dada fils fut nommé commandant, avec Pierre Barrier, concierge du château, pour major.

Elle était composée de trois compagnies : 1° la compagnie des grenadiers : capitaine, Jérôme Le Loutre fils; sergent, Marin Castel fils; caporal, Jacques Salle, fils.

2° La compagnie des chasseurs de la garde : capitaine, Jean-Baptiste Rigault; sergent, François Marin; caporal, Jean-Baptiste Hinault.

3° La compagnie du centre : capitaine, Jean-Claude Gouet; sergent, François Dauphin; caporal, Pierre Nesme.

Sept gardes nationaux furent ensuite désignés pour se rendre à Versailles en l'hôtel des Menus-

40. — Tombeau de Michel Le Tellier, chancelier de France, seigneur de Chaville.
(Église Saint-Gervais, à Paris.)

Plaisirs, avenue de Paris, conformément à la lettre envoyée par les officiers municipaux de Sèvres.

Les gardes nationaux devaient eux-mêmes, et à leurs frais, se procurer des armes. Mais le commandant et les officiers firent observer à la municipalité que « quantité de fusiliers et autres personnes montant la garde étant dans l'indigence, ne sont point munis d'armes ni fusils, ce qui les dégoûte de monter la garde au point que, lorsqu'il y a quatorze hommes de commandés, il ne s'en trouve quelquefois pas la moitié ; attendu, disent-ils, que n'ayant pas d'armes, ils ne veulent pas s'exposer à faire des patrouilles, y ayant dans la paroisse de Chaville des bordures de bois et des endroits périlleux à passer ».

La municipalité trancha la question en votant l'acquisition de douze fusils de munition dont les hommes non armés devaient se servir à tour de rôle, et qu'ils devaient remettre, la garde finie, en bon état, à l'officier de garde.

Pour payer cet achat, les honorables de Chaville ne trouvèrent rien de mieux que d'emprunter à l'Assemblée nationale ses procédés à l'endroit des biens du clergé. Un nommé Louis Prévost, maître d'armes des pages du Roi, avait remboursé à la fabrique de l'église de Chaville une somme de 4.386 livres 13 sols 4 deniers. Le 1er novembre 1790, le Conseil décida que la somme nécessaire au paiement des fusils serait prélevée sur ces fonds.

Du reste, tous les biens meubles et immeubles

de la paroisse ne devaient pas tarder à être remis à la municipalité.

Le 25 janvier 1791, « attendu que par les différents décrets de l'Assemblée nationale, les municipalités sont autorisées provisoirement à régler les biens et revenus des cures et fabriques, » le maire, nommé Laroque, reçut du curé « les titres de fondations et autres objets dépendants de la cure et de la fabrique, les sommes et deniers leur appartenant, les clefs de tous les coffres ».

Le curé dut même remettre les clefs des armoires de l'église et jusqu'à « quatre morceaux de vieux fer appartenant à la fabrique du poids d'environ vingt livres ». Les titres et pièces furent placés dans un coffre à trois clefs. Ce coffre fut déposé chez le maire et les clefs remises, une au sieur Laroque, une au procureur de la commune, et l'autre au secrétaire.

Mais ces mesures vexatoires n'étaient que le prélude de la persécution violente. Le 12 juillet 1790, l'Assemblée nationale avait voté cette Constitution civile du clergé qui fut une des plus grandes fautes, et, par ses conséquences sanglantes, un des plus grands crimes de la Révolution française. Le 27 novembre, l'Assemblée exigea de tous les ecclésiastiques la prestation du serment à cette Constitution civile qui n'était rien moins que schismatique.

En conséquence, le dimanche 23 janvier 1791, le conseil général de la commune et la municipalité de Chaville se réunirent à l'église, à l'issue de la grand'-

messe, pour « voir prêter aux sieurs curé et vicaire
« de ladite paroisse de Chaville le serment ordonné ».

Le curé, Jean-Nicolas Georges, se présenta en effet
et jura « de veiller avec soin sur les fidèles de la paroisse qui lui est confiée, d'être fidèle à la Nation,
à la Loi et au Roi, et de maintenir de tout son pouvoir dans tout ce qui concerne l'ordre politique, la
Constitution décrétée par l'Assemblée nationale et
acceptée par le Roi, *exceptant expressément tout
ce qui dépend essentiellement de l'autorité spirituelle* ».

De son côté, le vicaire, Pierre Salle, jura « d'être
fidèle à la Nation, à la Loi et au Roi et de maintenir
de tout son pouvoir la Constitution décrétée par
l'Assemblée nationale et acceptée par le Roi ».

La restriction formelle mise par le curé enlevait
à son serment tout sens schismatique, et par suite devenait licite.

La municipalité de Chaville ne s'y trompa point,
car elle termina son procès-verbal par ces mots si-
gnificatifs « sous toutes réserves de droit ».

De son côté, le district ne s'y trompa pas davantage, car peu de jours après, le courageux curé était
déclaré démissionnaire ; le 13 février, l'Assemblée
électorale nommait pour lui succéder M. Blaise Le
Roussel, prêtre du diocèse de Coutances, vicaire de
Chevreuse ; — le 4 avril suivant, M. Jean Julien
Avoine, évêque du département de Seine-et-Oise,

confirmait cette nomination, et le 10 avril, à 10 heures, avant la grand'messe, M. Le Roussel, « avec l'acclamation des habitants », était reçu, installé, et
prêtait le serment.

Cette même année fut marquée, entre autres événements, par la fuite du Roi. Dès le lendemain, 21 juin
1791, le corps municipal de Chaville se réunit pour
« délibérer sur les moyens d'empêcher toutes vexations et attroupements qui pourraient être faits dans
ladite paroisse par des malveillants, en raison du
départ du Roi arrivé la nuit dernière, ce qui met en
combustion la capitale et tous les environs ».

Tout d'abord le procureur de la commune donna
lecture d'une lettre de MM. les officiers du district
de Versailles portant « que le Roi était parti avec
toute sa famille, que cette nouvelle n'était pas dou-
teuse, et qu'il était esssentiel que la garde nationale
de ce lieu reprît son service dans la circonstance
présente, afin d'opposer aux ennemis de la France
beaucoup de résolution ». Séance tenante, on décida
que la garde serait montée « tant de jour que de
nuit ».

Mais si les fusils ne manquaient plus, les munitions
faisaient défaut. Le commandant de la garde nationale, Jacques Dequatre, fut envoyé au pont de Sèvres,
« où était amarré un bateau chargé de poudre et de
munitions de guerre ». On lui délivra, « en même
temps qu'aux communes voisines, dix barils de poudre et deux barils de boulets de canon de fer et de

fonte. » Le tout fut transporté dans la maison de la
veuve Bailly, sur la grand'route, et une sentinelle y
monta la garde sans interruption ; mais ce local n'é-
tant pas au centre de la paroisse, on transporta peu
après la précieuse provision chez M. Santerre, bras-
seur, sur la grand'route, lequel prêta sans aucun
intérêt une chambre au rez-de-chaussée.

Détail touchant : quand les envoyés de Versailles
arrivèrent au pont de Sèvres, les provisions étaient
épuisées. Aussitôt les envoyés de Chaville « comme
leurs frères de Sèvres » cédèrent deux barils aux re-
tardataires.

Le 14 juillet suivant, eut lieu la fête de la Fédération, ordonnée le 10 juin de l'année précédente, par
l'Assemblée nationale.

Les Archives de la municipalité nous ont conservé
les détails de cette cérémonie à Chaville.

Dès le dimanche précédent, l'annonce en fut faite
au prône. Les gardes nationaux furent invités à se
rendre, armés et en uniforme, avec tous les habitants,
sur la place fédérative, pour y entendre la messe cé-
lébrée par le sieur curé sur l'autel dressé à cet effet,
et renouveler le serment de fidélité à la Nation, à la
Loi et au Roi.

En effet, le jeudi 14 juillet 1791, le maire, Jacques
Doublemont, et les officiers municipaux, « décorés de
de leurs écharpes », se réunirent à la salle municipale.

Le commandant de la garde nationale, le major,

les trois capitaines à la tête de leur compagnie, et les officiers de l'état-major, avec le drapeau, se joignirent à eux, et tous se rendirent sur la place devant l'autel de la Fédération, et de là en corps au devant du clergé.

Le cortège s'organisa : en tête, le tambour, deux vétérans et deux sapeurs suivis des grenadiers; puis la compagnie primaire portant le drapeau, les chasseurs, la municipalité, le clergé et enfin un grand nombre de citoyens non armés et de citoyennes, parmi lesquelles on remarquait la supérieure des sœurs de Charité.

Ainsi organisé, le cortège, tambour battant, se mit en marche.

On arriva à l'autel de la Fédération dressé sur la place, en face le château. Le sieur Barrier, ancien commandant de la garde nationale, l'avait « artistement arrangé et décoré de feuillages quoique avec précipitation, n'ayant été prévenu que le jour d'hier un peu tard ».

La troupe s'aligna devant l'autel. Le curé célébra la sainte messe, puis prononça « un discours énergique relatif à la prestation du serment fédératif (1) ». Tous applaudirent ces paroles; une immense acclamation de joie se fit entendre; une décharge de fusils retentit, et le sieur Barrier, plein d'enthousiasme, demanda que ce discours fût inséré au procès-verbal, ce qui fut accepté.

(1) Voir ce discours, Pièces justificatives, n° 1.

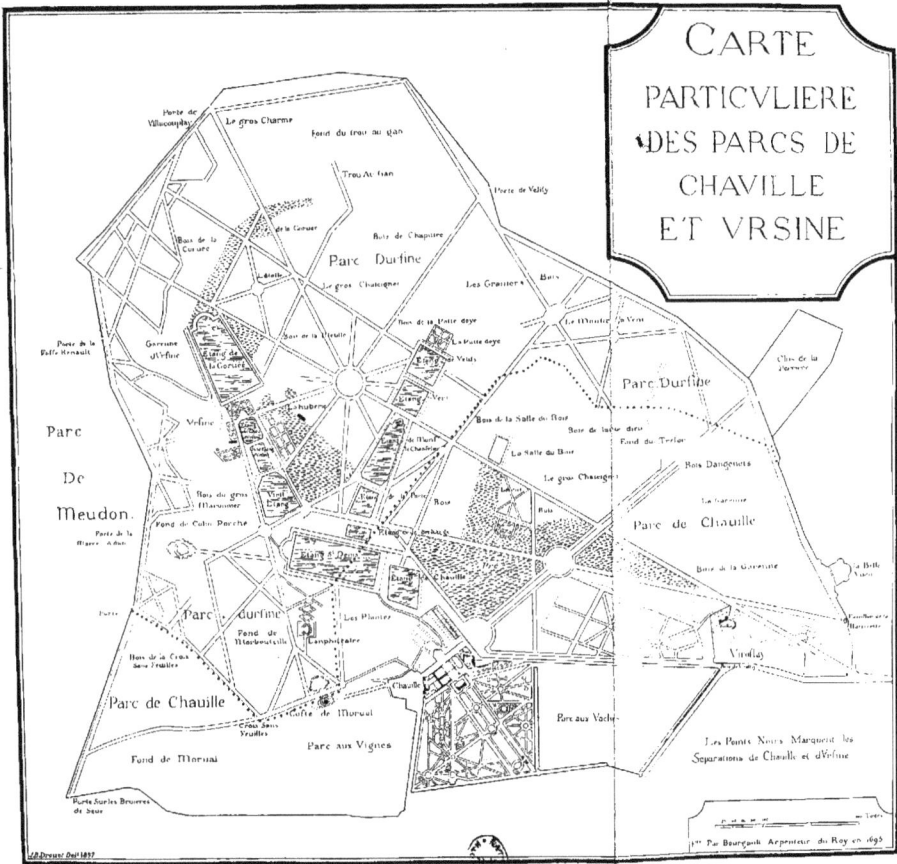

CARTE PARTICVLIERE DES PARCS DE CHAVILLE ET VRSINE

11. — Plan des parcs de Chaville et Ursines, décembre 1695.

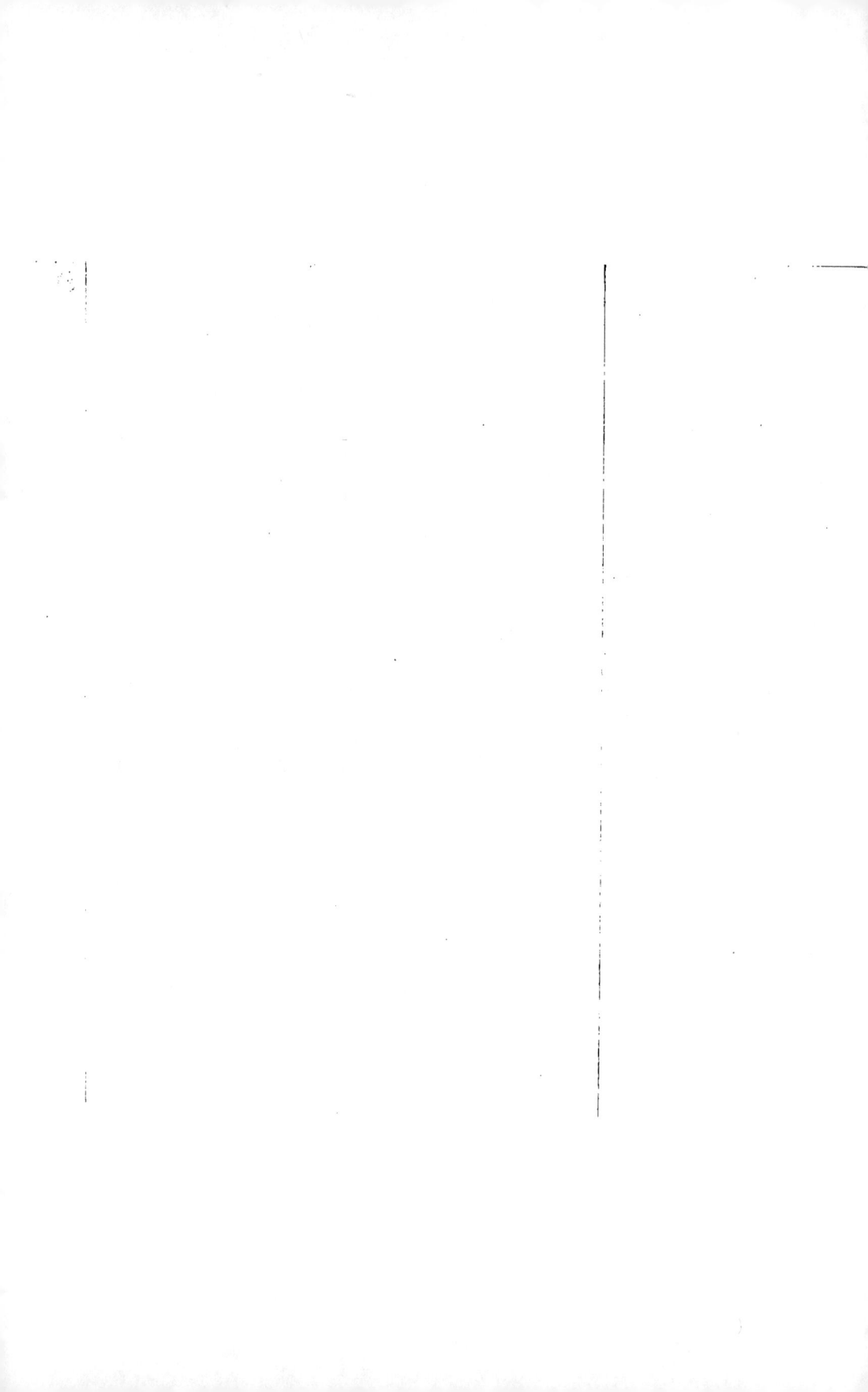

On fit l'appel nominal des citoyens. Sur 152, il ne se trouva que 27 absents.

Puis le maire donna lecture du serment à prêter, en vertu duquel tous juraient :

« 1° D'être à jamais fidèles à la Nation, à la Loi et au Roi;

« 2° De maintenir de tout leur pouvoir la Constitution décrétée par l'Assemblée nationale et acceptée par le Roi;

« 3° De protéger, conformément aux lois, la sûreté des personnes et des propriétés, la libre circulation des grains et des subsistances dans l'intérieur du royaume, et la perception des contributions publiques légalement établies;

« 4° De demeurer unis à tous les Français, et particulièrement à tous les individus qui habitent ce canton, par les liens indissolubles de la fraternité;

5° « De prêter mutuellement, à la première réquisition des municipalités voisines, tous les secours respectifs que l'on se doit les uns les autres, d'après l'union que nous avons contractée avec nos voisins. »

A chacun de ces articles, debout sur les degrés de l'autel, le maire et les officiers municipaux répondirent : « Nous le jurons. »

Puis, en file, passant devant l'autel, le curé, le vicaire, le clergé de la paroisse, les officiers, sous-officiers, frères d'armes et tous les citoyens, levèrent la main, et dirent : « Nous le jurons. »

Un seul fit exception. C'était un nommé Charles

Saumier, cultivateur et marchand laitier. La tête
couverte, « par raillerie pour l'auguste cérémonie,
il continua de garder ses vaches », malgré la défense réitérée du maire. Finalement quatre fusiliers
le conduisirent auprès de l'autel; mais là, « sans re-
tenue, ni décence » le rebelle entra dans une violente
colère, « disant qu'il avait prêté son serment l'an dernier, et que cette cérémonie ne lui donnerait pas
de pain ». On n'exerça contre lui aucune violence, et
on le laissa aller, parce que « sa femme était nouvel-
lement accouchée ». On se contenta de le dénoncer à
l'accusateur public du district.

Une décharge de fusils termina la cérémonie. Le
curé entonna le *Te Deum*, dit encore quelques paroles, et on se remit en marche pour l'église où une
antienne à la Vierge fut chantée.

Le drapeau escorté fut ensuite reporté chez le
commandant.

Le 2 octobre 1791, eut lieu la promulgation solennelle de la Constitution du royaume.

Dès la veille, les cloches furent sonnées. Le matin,
au prône de la messe paroissiale, la cérémonie fut
annoncée, et, le soir, après vêpres, tambour battant,
tous se réunirent au carrefour du village. Là, lecture fut donnée de la lettre du Directoire du district
de Versailles ordonnant cette promulgation avec in-
jonction aux habitants de faire des réjouissances
publiques. Un ban et une décharge de fusils termi-
nèrent cette cérémonie qui fut renouvelée immédia-

tement après « au carrefour des Quatre-Chemins, près la brasserie, au bas Chaville et à la Pinsonnière. »

Un *Te Deum* fut ensuite chanté dans l'église « pour rendre grâces à Dieu de l'heureux achèvement de la Constitution ».

La fin de l'année 1791 fut marquée par le renouvellement des municipalités.

Le curé, Blaise Le Roussel, fut nommé président de l'assemblée chargée de faire ces élections, qui eurent lieu le 13 novembre.

Dans sa première réunion, en date du 27 novembre, le nouveau corps municipal proposa de nommer « un orateur pour faire les motions et observations dans les assemblées et délibérations ». Le curé eut l'honneur d'être proposé et accepté pour remplir cette fonction,

L'année 1792 vit la chute de la royauté et l'avènement de la Révolution dictatoriale et arbitraire.

Dans les mois qui précédèrent le 10 août, le malaise était devenu général; des désordres s'étaient produits; la sécurité disparaissait. C'est pourquoi, dès le 6 mai, le Conseil de la commune prescrivit de distribuer de la poudre aux habitants, et de donner à chaque citoyen des fusils et des piques, moyennant 22 livres pour un fusil et 3 livres pour une pique. »

Quand le 10 août éclata, le conseil de Chaville, ayant eu connaissance des désordres de la capitale, se déclara en permanence jour et nuit et « ordonna au capitaine de la garde nationale de faire battre la générale et sonner le tocsin pour que les citoyens se rassemblent en armes et soient dans un état de surveillance permanente. Il prescrivit ensuite la visite des voitures pouvant contenir des munitions, et la mise en arrestation de toutes personnes suspectes et sans passeport. »

Le procès-verbal nous a gardé heure par heure les menus faits qui se passèrent en cette trop mémorable journée.

Vers six heures, le capitaine de la garde nationale amena un prisonnier qui fit d'abord une fausse déclaration, et qui finalement avoua être un garde du Roi. Il était sorti le matin de Paris et avait essuyé un coup de feu dans la plaine de Grenelle. On le fit écrouer à la prison de Sèvres.

A neuf heures du soir, un aide de camp, M. Grignon, arrive de Versailles et donne lecture d'une lettre des trois corps administratifs de Versailles enjoignant à toutes les communes de fournir leur contingent d'hommes armés pour se rendre au bout du pont de Saint-Cloud, du côté de la plaine de Boulogne. Dix-sept hommes furent aussitôt envoyés.

Enfin, vers dix heures, un caporal de garde amena « deux quidams » qui, faute d'explications suffisantes, furent conduits à la maison d'arrêt du canton.

Cette année 1792 est celle des engagements volontaires. Le 5 septembre, le tocsin sonne, la générale retentit : tous les citoyens se réunissent, et le corps municipal engage vivement les jeunes gens à imiter ceux des communes voisines qui, au premier signal, ont pris la ferme résolution de partir tous sans exception, et ont déclaré infâme celui d'entre eux qui refuserait de partir ».

Séance tenante, vingt jeunes gens s'engagèrent « pour voler au secours de leurs frères d'armes qui sont sur la frontière (1). »

Dès lors, ces séances d'enrôlement devinrent fréquentes.

Au mois de mars suivant, deux citoyens envoyés par l'administration du district de Versailles vinrent « pour exciter le zèle des citoyens à voler au secours de la patrie, et à fournir à l'habillement des troupes. »

En réponse à cette demande, quatre volontaires furent armés, habillés et équipés. » L'un d'eux remplaçait le citoyen Roinville, qui s'obligeait à lui remettre, « le jour de son départ, deux cents livres, et de plus huit livres par mois pendant un an, quand même la paix serait faite avant ce temps. » De son côté, « le citoyen Blaise Le Roussel, ministre du culte catholique, s'engageait à donner cinq livres par

---

(1) Ce sont : MM. Jean-Charles Poiret, Amable Dada, Jean-Pierre Desforges, Jean-Marie Morin, Étienne Lainé, Louis Salle, Jean Maurot, André Bereaux, Jean-Pierre Poiret, Nicolas Roby, Philippe-Joseph Le Comte, Jean-Louis Froger, Joseph Pelletier, Gilbert-François Carret, François Dauphin, Louis Lefèvre, Jacques Daubémont, Jacques Eguin, Jean Breton, Germain Chevallier.

mois à l'épouse dudit volontaire pendant le temps que durera la guerre. »

Cependant l'Assemblée législative avait succédé à la Constituante. La même haine antireligieuse l'animait.

Le 19 août 1792, elle avait rendu un décret relatif aux biens des fabriques.

En conséquence, le 4 novembre, sur la proposition du maire, le conseil général de la commune de Chaville arrête :

« 1° De faire disparaître les attributs de marguillage et fabrique dans l'église, tels que le banc d'œuvre, les chandeliers et croix avec le tapis de dessus, réservant le banc pour servir de bureau municipal.

« 2° De faire disparaître également le banc du ci-devant Roi.

« 3° Le banc des sœurs de Charité, attendu que dans la république, il ne doit rien exister qui annonce la distinction, excepté ce que la loi ordonne. »

Dans la même séance, le conseil, fidèle à la devise égalitaire, statua que « dans aucun convoi, il ne pourra y avoir plus d'un chantre avec le prêtre et trois enfants de chœur, qu'il sera fait un traitement de vingt-quatre livres (1) par an à chacun des chantres; et qu'il sera alloué au bedeau un traitement de quarante livres par an provisoirement. »

---

(1) Le 20 janvier 1793, ce traitement fut porté à 50 livres pour chacun des chantres, Jean Dada et Jean-Louis Ménager.

L'Assemblée législative termina son éphémère existence le 20 septembre 1792, et marqua sa dernière heure par une mesure contre l'Église. Elle décida qu'à l'avenir les registres de l'état civil seraient tenus par les municipalités.

En conformité de cette loi, les citoyens Dequatre, maire, Freger, officier municipal, Lepine, procureur de la commune, se transportèrent avec le secrétaire-greffier « en la maison du citoyen Leroussel, curé de Chaville ». Ils y trouvèrent les registres des naissances, mariages et sépultures depuis l'année 1627, apposèrent leur signature sur le dernier de ces registres, et transportèrent le tout aux archives de la maison commune.

Le 9 janvier suivant, le corps municipal procéda à l'inventaire de l'argenterie de l'église. Ainsi le voulait une loi du 10 septembre 1792. Cet inventaire ne fut ni long ni pénible, car le procès-verbal en quelques lignes nous apprend que pour toute richesse l'église ne possédait plus qu'un « encensoir en argent pesant quatre marcs, six onces, et une croix en argent pesant neuf marcs, six onces, six gros. »

En revendiquant ce qui était purement temporel dans l'ordre ecclésiastique, l'État ne rencontrait pas de sérieuses résistances. Il n'en était pas toujours de même dans les affaires d'ordre purement religieux.

Le corps municipal de Chaville en fit l'expérience, le 17 février 1793. Il était réuni, quand tout à coup un « cortège de femmes suivies de plusieurs hommes à la tête desquelles étaient l'épouse de Germain Breton, la femme de François Roby et sa fille, » firent irruption dans la salle. S'adressant au maire et au greffier, la première de ces femmes les somma « avec menaces de lui rendre les tasses qui servaient à la quête qui se faisait dans l'église pour l'habillement d'une statue de la bonne Vierge ».

A cette sommation peu respectueuse, le maire répondit gravement « que la loi ayant proscrit tout marguillage et confrérie, la municipalité ne pouvait plus tolérer ces quêtes abusives ».

Mais la femme Breton ne se laisse pas intimider par la loi. Elle s'élance vers le maire, lui met le poing sous le nez, et, au grand scandale de tous, déclare « que les officiers municipaux sont des scélérats, des coquins, qu'elle se f...... d'eux, et que si les femmes la soutenaient, elles arrangeraient la municipalité. »

Le maire voulut faire de nouvelles représentations ; mais ce fut en vain. Il fallut expulser ces femmes, qui en sortant menaçaient encore la municipalité, et, étant dans la rue, se répandaient en invectives de toutes espèces, disant : « Nous...... sur eux et leurs écharpes ; il faut voir si la Constitution nous a fait plus heureux avec toutes ces sottises-là ; si tout le monde était comme nous, nous les arrangerions, eux et l'Assemblée qui n'a pas plus de religion qu'eux. »

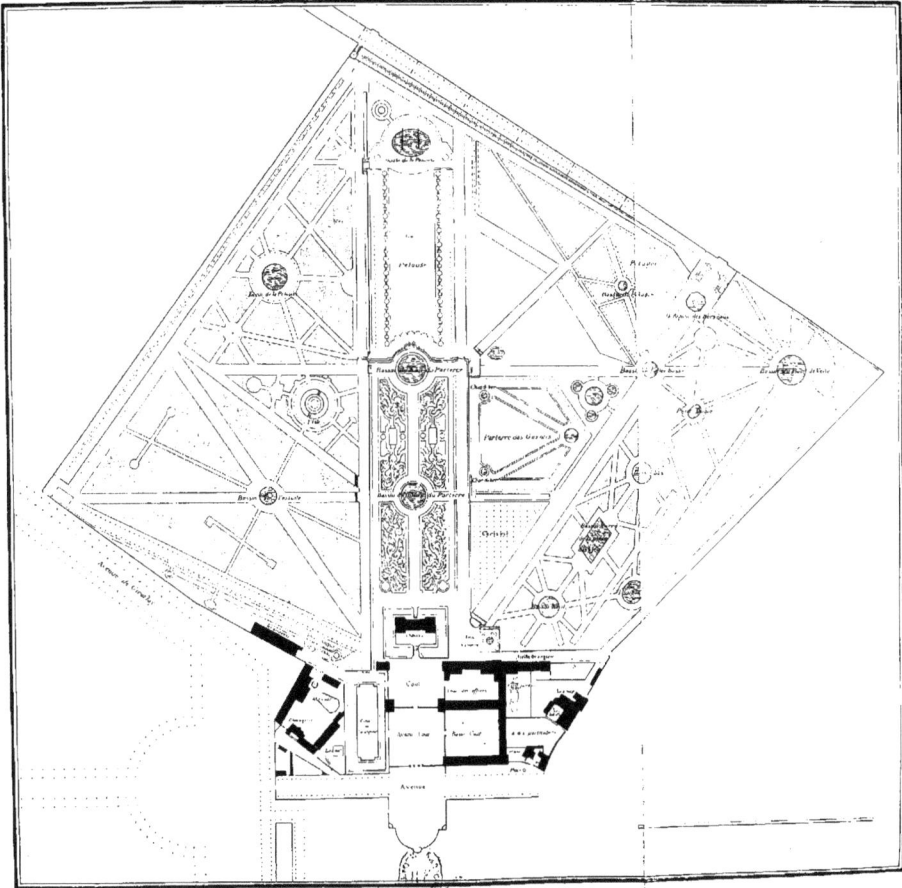

12. — Plan du jardin et des bâtiments de Chaville, Janvier 163.

Enfin, délivré de ces énergumènes, le « corps municipal, considérant combien il importe de réprimer
une telle conduite qui paraît tenir à des combinai-
sons tramées de longue main, et qu'il est très urgent
d'étouffer le fanatisme qui, quoique agonisant, vou-
drait encore s'abreuver de sang humain, arrêta :

« 1° Que copie du présent serait adressée au procureur général syndic du département, avec invitation de poursuivre la femme de Germain Breton et
la femme de François Roby, qui dénonceront sûre-
ment leurs instigateurs ou complices ;

« 2° Que ladite Breton, qui quêtait pour les pauvres, et le curé qui recevait l'argent des mains de
la quêteuse, rendraient leurs comptes le dimanche
suivant. »

Et de fait, le dimanche 3 mars, le curé et la quêteuse remettaient au citoyen Laroque, trésorier, la
somme de 14 livres 4 sous et 6 deniers.

Cependant le souffle héroïque de 1792 avait quelque peu perdu de sa force. Les volontaires se faisaient
de plus en plus rares, bien que la frontière fût de
plus en plus menacée. Le 14 mars 1793, une levée
d'hommes fut ordonnée. Le district de Versailles en
exigea huit de Chaville ; mais le conseil ne voulut en
fournir qu'un seul sur quatre qui restaient, faisant
observer que « d'après les volontaires que la commune a envoyés dès les premiers dangers de la
patrie, il ne lui reste plus que le dix-huitième des
citoyens en état de marcher, tandis que dans les

autres communes, il en reste la moité, le tiers, au moins le quart. »

Deux mois après, nouvel appel du département, qui s'engage à faire « des avantages aux citoyens qui s'inscriront volontairement pour voler au secours de leurs frères de la Vendée. » Cette fois, huit hommes, de seize à quarante-trois ans répondent à cet appel, « à condition de recevoir par avance le premier mois de quatre-vingt-dix livres promis par le département (1). »

Mais ce nombre n'était pas encore conforme à celui exigé par le district.

En conséquence, le lendemain 20 mai, le conseil se réunit dans l'église et décide d'avoir recours au sort.

Mais à peine cette décision est-elle formulée que, de toutes parts, des murmures s'élèvent. Le maire veut rétablir le calme. Ils augmentent. La municipalité se dispose alors à faire l'appel nominal pour connaître les récalcitrants. Mais aussitôt ceux-ci se lèvent, en un instant disparaissent, et seul, dans l'église déserte, le conseil est obligé de prendre le parti par ses administrés nettement indiqué, celui de se retirer. Il était dix heures du soir.

Le 1er juillet suivant, nouvel arrêté du départe-

_____

(1) MM. Étienne Surard (18 ans), Jean-Claude Goret (37 ans), Joseph Masson (31 ans), Pierre-Jean-Marie Breton (16 ans), Laurent Motey (43 ans), François-Antoine Gilloire (30 ans), André Lebrun (18 ans), François Fortier (42 ans).

ment invitant « les citoyens à marcher contre les rebelles de la Vendée ». Nouvel insuccès : le procès-verbal de la séance tenue à Chaville ne donne aucun nom.

Enfin, deux mois après, le **22** septembre, nouvelle tentative du département ordonnant de réquisition-ner les fusils de calibre et les jeunes gens. Dix-sept fusils avec baïonnette furent déposés, et un jeune homme de dix-huit ans fut enrôlé. Il se nommait François-Gilbert Carret et était âgé de dix-huit ans.

Mais si les volontaires faisaient défaut, l'argent ne manquait pas moins.

Pour en trouver, le département avait décrété un emprunt forcé de 3.500.000 livres. Quiconque avait en propre un revenu de 2.500 livres devait y parti-ciper. Le corps municipal de Chaville, dans sa séance du 20 juin 1793, constata qu'un seul citoyen était dans ce cas : c'était un nommé Coqueret, de Versailles.

Au mois d'août suivant, nouvel appel du direc-toire du district de Versailles ; nouvelle réunion de l'assemblée municipale, qui découvre un nouveau rentier tombant sous le coup de l'emprunt forcé ; il se nommait Letellier.

Devant cette pénurie, le corps municipal fit alors un appel à tous les citoyens, leur demandant « de prêter ce qu'ils pourraient pour venir au secours de la patrie ». Mais, ajoute mélancoliquement le procès-verbal, « personne ne s'étant présenté, le conseil a levé la séance ».

Au manque d'argent vint bientôt se joindre le manque de pain, qui, en l'an II de la République une et indivisible, coûtait quarante-cinq sous les douze livres.

Aussi la misère devint-elle rapidement extrême. Pour soulager les plus grandes infortunes, la municipalité décida que trois batteurs travailleraient sans relâche, et que la farine provenant de ce blé serait d'abord distribuée aux personnes qui n'en auraient pas récolté.

Ces distributions eurent lieu, mais ne se firent pas toujours sans soulever des protestations. Le 14 septembre 1793 notamment, la municipalité est insultée par « des gens qui, ne vivant autrefois que de l'ancien régime, paraissent être poussés pour exciter des émeutes ». Une femme se permit même de frapper d'un coup de poing et de saisir au collet le procureur de la commune.

Un autre assistant proposa de guillotiner le maire, « quand il n'aurait pas sa banderole sur le corps »; et deux femmes, applaudissant à la proposition, demandèrent d'y joindre le citoyen Pierre, parce que le maire et lui « étaient deux voleurs ». Hâtons-nous d'ajouter que la proposition ne nous paraît pas avoir été acceptée.

En dépit de ces menaces, les distributions purent se continuer, grâce au district, qui autorisa par bons la municipalité à requérir du blé en différents endroits, notamment dans le canton de Limours, pour trente-six setiers.

Mais, en 1794, ces distributions cessèrent, et le 20 mars, les habitants, réunis dans le Temple de la Raison, nommèrent « quatre commissaires pour se transporter au canton, à l'effet de convenir de la marche à suivre, vu que l'on manque totalement en cette commune, et que l'on ne peut avoir de blé à l'administration ».

Quoi qu'il en soit, en dépit de la misère, les bons patriotes de Chaville ne perdaient pas de vue le salut public. C'est pourquoi, le 29 septembre 1793, le conseil décidait « que les poteaux qui sont dans le bois seraient arrachés, étant des signes de royalisme ».

Ils n'oubliaient pas davantage leurs intérêts, car, le 21 avril précédent, ils avaient exigé qu'on mit en adjudication l'enclos du sieur Tessé, émigré, et les trente arpents attenant à la ferme ; — le 28 juillet, ils nommaient J.-B. Dada pour recouvrer les biens de la ci-devant fabrique qui sont d'environ mille livres (1); — le 1er mai 1795, ils louaient pour 165 livres la maison du vicaire, le jardin d'environ 60 perches, et la grange « du ci-devant curé » ; —

---

(1) Le 7 avril 1793, le conseil avait arrêté que les biens de la fabrique seraient affectés au paiement de la maison commune que l'on bâtissait au milieu du village.

et huit mois après ils adjugeaient à bail, pour 600 livres, le presbytère et son jardin d'environ un demi-arpent, garni d'arbres fruitiers et de treillages.

Cependant les jours les plus mauvais étaient arrivés. Toute la rage révolutionnaire se concentrait contre la religion.

Le 10 octobre 1793, le conseil ordonnait « de conduire à Versailles une des deux cloches qui sont dans l'église ».

Le 19 novembre suivant, le culte cessait, l'inventaire des effets et meubles de l'église était dressé (1), et « le citoyen Blaise Le Roussel, ci-devant curé, remettait au conseil ses titres et papiers de curé et de prêtre ». L'assemblée applaudit à cet « acte de patriotisme », laissa au ci-devant prêtre la jouissance du presbytère, et demanda à l'administration que son traitement lui fût continué. Mais il ne jouit pas longtemps de cette double concession, car quatre mois après, le 7 mars 1794, le malheureux prêtre déclarait se retirer dans son pays, à Montbray, district de Saint-Lô (Manche). Après rétractation, il y fut nommé vicaire en 1804.

Le 10 novembre 1793, à la religion du Christ avait succédé le culte de la Raison.

Fidèles adorateurs de la nouvelle divinité, les citoyens municipaux de Chaville statuèrent, qu'à

_____

(1) Ils furent mis en vente le 3 mai 1794.

chaque décadi, les habitants se réuniraient dans l'église devenue le temple de la Raison.

A Paris, dans ces réunions, les discours les plus étranges étaient prononcés. A Chaville, on se contenta d'y faire des lectures.

A cet effet, le 16 décembre 1793, la commune prit un abonnement au journal *La Montagne*.

En outre, on décida « d'acheter les discours qui seraient prononcés, tant à la Convention qu'à la Société populaire des Jacobins ou à celle des Cordeliers, et qui ont mérité l'approbation desdites sociétés ».

Pour donner quelque variété à ces réunions, le conseil ajouta, le 21 mars 1794, « la lecture des lois et des nouvelles intéressantes qui se sont passées dans le cours de la décade ».

Un tel culte ne pouvait que tomber sous le ridicule. Robespierre et consorts le comprirent, et voilà pourquoi, le 7 mai 1794, ils établissaient le culte de l'Être suprême (1).

Conformément aux prescriptions du comité de salut public, l'agent national du district ordonna qu'on mit sur le frontispice du temple cette inscription : « Le peuple français reconnaît l'Être suprême et l'immortalité de l'âme. » Une fête fut organisée, et sa célébration, à Chaville, fut telle qu'elle mérita

(1) Le 4 mai 1794, sur la demande du sieur Gentil, maire, le district de Versailles autorisa la municipalité « à vendre les objets qui restent dans le Temple de la Raison de la commune ».

les éloges de l'agent national, qui demanda qu'il en fût fait mention au district.

Cependant l'organisation de cette fête n'avait pas été sans soulever quelques oppositions, car lorsqu'on demanda aux citoyens de faire décorer le temple de l'Être suprême des emblèmes de la Révolution, le citoyen Ménager et la citoyenne Beauvais firent observer que « ceux qui avaient retiré et abattu les emblèmes de la superstition devaient décorer le le temple ».

La fin de cette année 1794 vit l'internement à Chaville de prisonniers de guerre.

Un procès-verbal de la municipalité nous a conservé « la consigne » établie le 21 décembre pour le bon ordre de ces prisonniers. Il fut arrêté :

« 1° Qu'aucun prisonnier de guerre et autres n'a aucun droit de ramasser du bois mort dans les bois de l'émigré Tessé, au ci-devant château de Chaville ;

« 2° Qu'il est défendu à aucun cabaretier de donner à boire à aucun prisonnier, passé cinq heures du soir, pour maintenir le bon ordre ;

« 3° Que les outils des prisonniers de guerre soient déposés tous les jours au corps-de-garde, et que le lendemain, aux heures de travail, ils leur seront délivrés ;

« 4° Que l'endroit servant de discipline sera sous la voûte du grand escalier du bâtiment de la ci-devant chapelle. En outre, l'appel nominal des prisonniers de guerre sera fait à six heures du soir par le com-

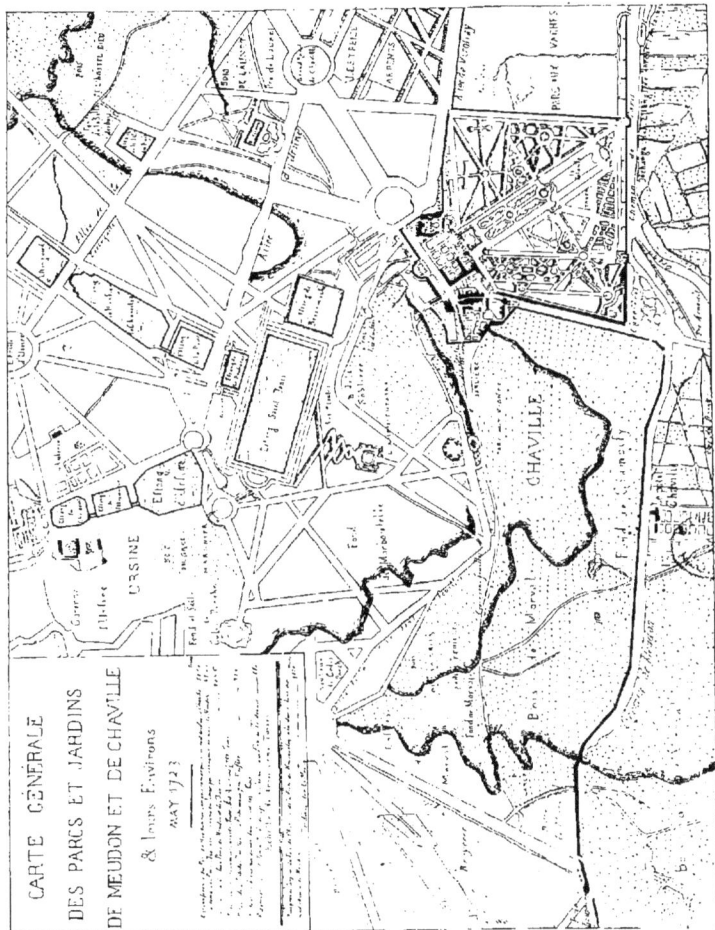

CARTE GÉNÉRALE

DES PARCS ET JARDINS

DE MEUDON ET DE CHAVILLE

& leurs Environs

MAY 1723

13. — Carte générale des parcs et jardins de Chaville, mai 1723.

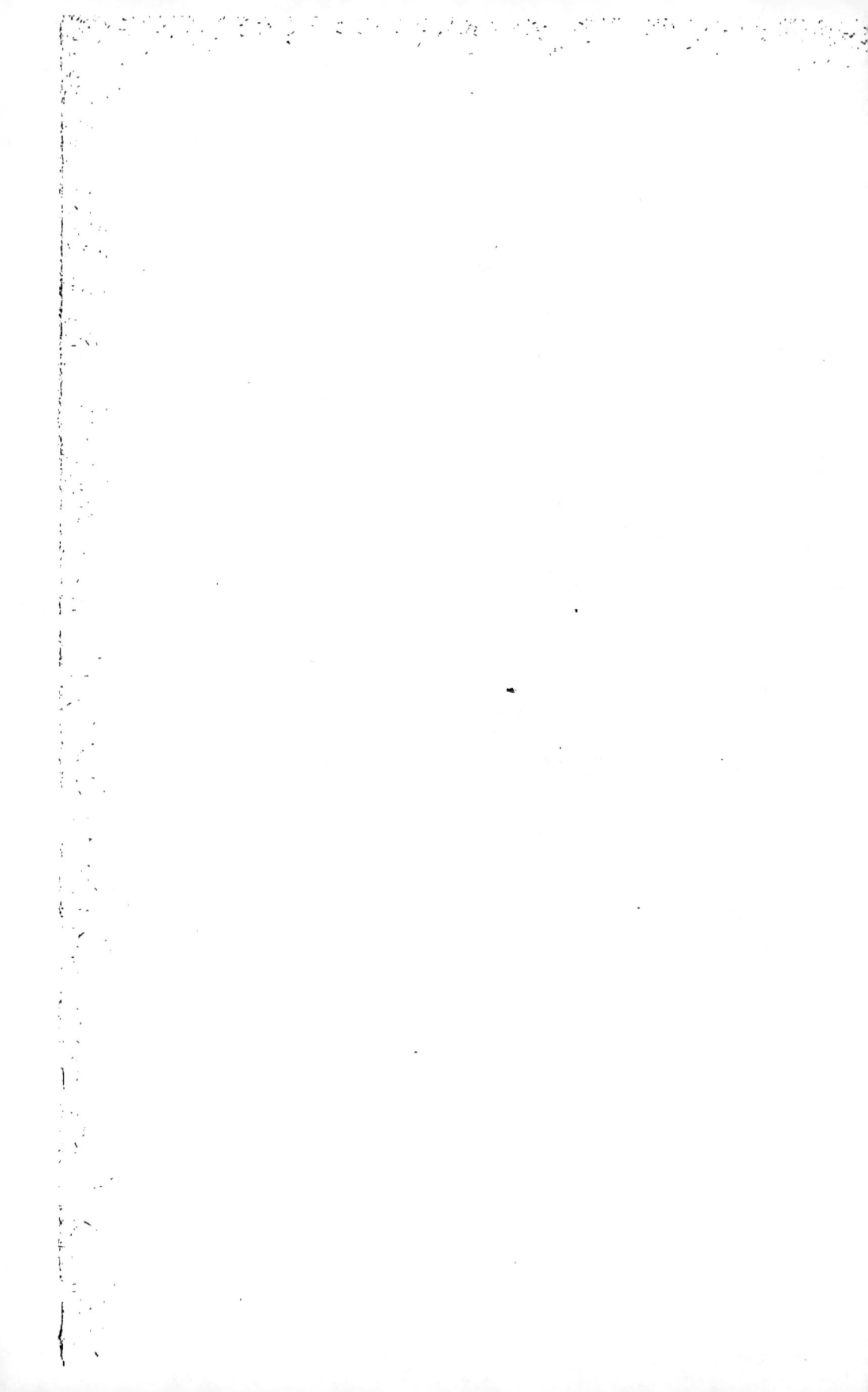

mandant des prisonniers de guerre, qui en rendra
compte au chef du poste de la garde. »

A partir de 1795 jusqu'en 1803, les procès-verbaux de la municipalité ont disparu.

Sous l'Empire, les faits relatés sont sans grand
intérêt.

Mentionnons, le 10 décembre 1803, l'installation
solennelle du premier curé après la Révolution,
M. l'abbé Pierre-Joseph Manisse. Entouré des ad-
joints et des conseillers municipaux réunis à l'église,
le maire adressa au nouveau curé quelques paroles
de bienvenue; puis fit un discours « aux citoyens,
pour leur rappeler la nécessité de la religion, et,
avec elle, celle d'un ministre pour l'enseigner ».
Le nouveau curé fut logé provisoirement dans la
maison de l'hospice, « en attendant que le sort de
cet hospice fût décidé ». Son successeur actuel y est
encore (1).

Mentionnons aussi, le 9 juin 1804, le vote de
l'hérédité de la dignité impériale : sur 131 votants,
123 répondirent affirmativement. Le 2 août 1802,
110 sur 124 avaient voté le consulat à vie.

Nous insérerons ici sans commentaires les documents suivants (2) :

_____

(1) L'ordonnance de Mgr Charrier de la Roche, premier évêque
de Versailles, pour la formation des nouvelles cures et succursales,
en 1802, donne comme titulaire à la paroisse de Chaville M. Pateau dit Prudent, mais les archives paroissiales et municipales ne
font aucune mention de cette nomination.

(2) Arch. de la mairie, procès-verbaux.

« Le 12 août 1814, averti par le sous-préfet que S. A. Royale le duc d'Angoulême allait passer à Chaville, le maire fit ériger en son honneur un arc de triomphe en feuilles de chêne et guirlandes, devant la mairie, sur la grand'route. Sur son invitation, la garde nationale prit les armes. Les jeunes filles vêtues en blanc se réunirent sous la bannière de la Vierge, pour présenter au prince leurs hommages et un bouquet. »

Le conseil municipal vota l'adresse suivante au prince :

« Monseigneur,

« Daignez accorder aux magistrats de Chaville l'honneur de présenter à Votre Altesse Royale leurs hommages respectueux.

« Votre présence, Monseigneur, fait naître une vive allégresse parmi les habitants de cette commune. Ils ont vu avec une grande satisfaction le retour de la maison des Bourbons. Après vingt-cinq ans de tribulations, ils espèrent vivre tranquilles, et voir renaître la prospérité sous le gouvernement paternel de votre illustre famille. Déjà nous devons à Louis le Désiré, notre auguste monarque, les bienfaits de la paix et une charte constitutionnelle qui fera le bonheur de la France.

« Nous supplions Votre Altesse Royale d'assurer Sa Majesté qu'elle trouvera dans la commune de Chaville des sujets fidèles, obéissants aux lois, et qui seront toujours empressés d'acquitter leur portion des charges qu'exigent et les besoins de l'État et la splendeur du trône.

« Vive le Roi! Vive Monseigneur le duc d'Angoulême! Vivent les Bourbons! »

« Les habitants avaient tous décoré le devant de leurs maisons, et suspendu leurs travaux. Ils s'étaient tous réunis près de l'arc de triomphe.

« Mgr le duc d'Angoulême est arrivé aujourd'hui entre midi et une heure. Ce prince a daigné s'arrêter un instant pour recevoir l'adresse du conseil municipal et le bouquet des jeunes filles. Son Altesse Royale a témoigné sa satisfaction de l'accueil qu'elle recevait des habitants de Chaville.

« Pendant son passage, les cris de : Vive le Roi ! Vive Mgr le duc d'Angoulême! se sont mêlés au bruit des boîtes tirées par la garde nationale.

« Cette belle journée a été terminée à la satisfaction des habitants par une illumination, et un bal à la mairie. »

Ont signé : Hausmann, *maire*, Dequatre, Preuilly, Loraisse, Lépine.

Le 2 octobre 1814, le conseil municipal, les capitaines et officiers de la garde nationale prêtèrent serment de fidélité au Roi.

Le 18 juin 1815, ils juraient obéissance aux Constitutions de l'Empire.

Le 3 décembre de la même année, ils renouve-

laient au Roi le serment de leur inviolable fidélité.
Ce même jour, le curé de Sèvres, à défaut d'un
desservant de la paroisse, bénissait deux drapeaux
blancs : l'un pour la garde nationale, l'autre pour
être fixé au sommet du clocher.

L'année suivante, le 14 avril 1816, eut lieu l'inauguration d'un buste de Louis XVIII.

« Spontanément, nous nous sommes réunis pour
faire ce jourd'hui l'inauguration du buste de S. M.
notre bon Roi, en célébrant le saint jour de Pâques, en
commémoration de la Résurrection de Notre Sauveur
Jésus-Christ, duquel notre bon Roi est pour nous
la ressemblance par sa bonté, son bon cœur, ses
vertus et sa clémence ; — désirant par cet acte religieux donner l'exemple par notre amour, notre fidélité et le dévouement sans bornes que nous avons
juré à la personne sacrée de S. M. Louis XVIII, notre
bon Roi, ainsi qu'à toute la famille royale des Bourbons descendants du grand Roi Henri IV. »

A la garde nationale de Chaville étaient venues
se joindre les gardes nationales de Meudon et de
Viroflay. M. Poulain, lieutenant-colonel de la garde
nationale de Meudon, prit le commandement des
troupes, et le cortège se mit en marche pour l'église.

« Les habitants, reprend pompeusement le procès-
verbal, avaient orné leurs paisibles demeures de
drapeaux blancs et autres objets analogues à la
fête. Les jeunes filles, habillées en blanc et parées
de fleurs, précédaient le buste de Sa Majesté, entouré

des officiers de l'état-major de la garde nationale de Meudon.

« Tous ont rivalisé par leurs chants d'allégresse et leurs cris de : Vive le Roi, vivent les Bourbons, et vive la famille royale ! joie qui est commune à tous les bons Français habitants de cette contrée dont le cœur a fait tous les frais pour célébrer (avec toute la pompe que le local a pu permettre) l'inauguration du buste de S. M. Louis XVIII le Désiré, roi de France et de Navarre, père commun de tous les bons Français. »

A l'église, le buste fut placé « au lieu le plus apparent, aux cris de : Vive le Roi et des salves de mousqueterie et des boîtes d'artillerie ; et tous, par leurs prières et leurs chants d'allégresse, entrelacés de : Vive le Roi ! ont demandé à Dieu sa conservation, pendant tout le cours de la messe ».

Le curé et le maire prononcèrent ensuite « chacun un discours analogue à la cérémonie aussi auguste que désirée, » le *Te Deum* fut chanté « pour que Dieu conserve éternellement aux Français les descendants de saint Louis et d'Henri IV », et le cortège, se remettant en marche, retourna à la mairie, où le buste fut placé « comme monument éternel de notre gloire et de notre bonheur de posséder au milieu de nous le père commun de tous les vrais et bons Français, ainsi que pour éterniser la mémoire à nos descendants et être transmis aux générations les plus reculées ».

En retrouvant les Bourbons, la municipalité retrouva le souvenir. Elle se rappela que Chaville avait été domaine du Roi, et s'empressa de remettre sur son cachet les trois fleurs de lis surmontées de la couronne royale.

14. — La fausse porte, rue de la Marc-Adam,
ancienne route de Paris.

Cette porte fut ainsi dénommée parce qu'elle fut murée jusqu'en 1870.
Les Allemands l'ouvrirent à cette époque.

CHAPITRE VI

LA PAROISSE

1° — SON ÉRECTION.

Deux archiprêtrés partageaient autrefois le diocèse de Paris : celui de la Madeleine, sur la rive droite de la Seine, et celui de Saint-Séverin, sur la rive gauche.

Ces deux archiprêtrés formaient trois archidiaconés, séparés les uns des autres par la Sein et la Marne. Sur la rive droite était l'archidiaconé de Paris; sur la rive gauche, celui de Josas; et, dans l'angle formé par la Seine et la Marne, celui de Brie.

Ces trois archidiaconés se subdivisaient en doyennés ruraux.

Les doyennés de Chelles et de Montmorency formaient l'archidiaconé de Paris, ou grand archidiaconé.

Les doyennés de Châteaufort et de Montlhéry formaient l'archidiaconé de Josas.

Enfin, les doyennés de Lagny et du vieux Corbeil formaient l'archidiaconé de Brie.

Or, la paroisse de Chaville appartenait à l'archiprêtré de Saint-Séverin, à l'archidiaconé de Josas, et au doyenné de Châteaufort.

Jusqu'au treizième siècle, il n'y eut dans la villa d'Inchadus qu'une simple chapelle dépendante de la cure de Montreuil. (Versailles.)

Mais, vers 1200, une paroisse y fut érigée à l'aide d'une partie de territoire détachée d'Ursines; car, au temps d'Odon, qui fut évêque de Paris de **1196** à **1208**, nous voyons Chaville placé au rang des églises du doyenné de Châteaufort, et indiqué comme possédant un revenu de douze livres (1).

Par ailleurs, une charte du *Cartulaire de Notre-Dame de Paris,* nous apprend qu'au mois d'août 1259, « Guillaume, prêtre de Chaville, reconnut avoir vendu à Réginald, évêque de Paris, pour le prix de soixante sous parisis, une rente annuelle de cinq sous qu'il percevait, en raison de sa cure, *ratione presbyteratus sui,* dans la censive et sur les revenus de la terre de Suresnes (2) ».

Du reste, les pouillés, notamment ceux de **1626** et de **1767**, sont d'accord pour faire remonter au treizième siècle l'érection de Chaville en cure.

Mais la nouvelle paroisse était pauvre. Pour ce

(1) *Cart. de N.-D. de Paris*, Guérard, I, 12. — Pouillé du diocèse de Paris par Denys, Bibl. nat. LK² 473.

(2) *Cart. de N.-D. de Paris*, III, 221.

motif, malgré son titre d'érection, à différentes reprises, elle fut privée de pasteur, et annexée à la
cure de Montreuil.

Il en était ainsi avant 1332, car nous voyons à
cette date Roger, seigneur du lieu, faire établir à
Chaville une cure distincte, en raison du bon état
où se trouvait « le val de Galye ».

En 1475, le 9 août, elle fut de nouveau annexée
à Montreuil, sur la demande du curé de cette paroisse, qui fit remarquer que la cure de Chaville
était fort modique et située sur le territoire de Montreuil (1).

Mais cette union dura peu, car, en 1482, Louis de
Beaumont, évêque de Paris, ayant appris que Chaville possédait un revenu suffisant, prononçait la
séparation.

Si nous en croyons un pouillé du seizième siècle,
les deux paroisses furent de nouveau réunies vers
1534 (2). Mais, dès les premières années du dix-
septième siècle, en 1603, Chaville avait retrouvé
son autonomie paroissiale; car, à cette date, messire
André Langlois en était le curé, et, depuis lors jusqu'à nos jours, les pasteurs se sont succédé sans
interruption (3). Ils étaient à la pleine collation de
l'archevêque de Paris.

Du reste, différentes fondations vinrent bientôt

(1) Arch. nat., reg. O¹ 3825.
(2) Cart. N.-D. de Paris. IV.
(3) Voir Pièces justificatives, n° 2.

assurer l'avenir de la paroisse, dont les revenus se
montaient à 400 livres, en 1648 (1).

Vers 1600, Michel Le Tellier, qui avait acheté de
Simon de Vigny la seigneurie de Chaville, fit une
fondation dont nous ignorons le montant.

L'un de ses petits-fils, Jacques Le Tellier, par
testament en date du 23 mars 1651, légua à la fabrique une somme de 1.200 livres tournois, à charge
de célébrer un service à l'anniversaire de son décès, et de dire quatre messes basses au cours de
l'année.

En 1660, Charles Le Tellier, seigneur de Morsan
et de Doisu, légua à la fabrique une somme de 60
livres, dans un testament dont nous donnons des
extraits aux Pièces justificatives, en raison des détails intéressants qu'il contient (2).

En 1670, le curé obtint le bénéfice de la chapelle Saint-Vincent de Villepreux dont nous repar-
lerons.

A la fin de cette même année 1670, le 14 septembre, Michel Le Tellier fit donation à la cure de 200
livres « pour indemniser ledit sieur curé de Chaville et ses successeurs, du préjudice qui leur est

(1) Pouillé de 1648.
(2) Pièces justif., n° 4. — Le 3 mars 1667, René Le Tellier s'obligea
à payer à la fabrique 120 livres de rente, en exécution des testa-
ments de Charles et Jacques Le Tellier, ses frères. Le rachat de
cette rente, quand le Doisu fut vendu, en 1687, produisit un capital
de 2.700 livres qui, placé sur l'Hôtel-de-Ville de Paris au denier 18, constitua à la fabrique une rente de 150 livres. (Arch.
nat., O¹.3834.)

fait pour avoir enfermé dans les parcs dudit Chaville des terres sujettes à dixme..... et encore pour indemniser ladite cure de dix perches de terre du jardin du presbytère qui sont entrées dans le nouveau et petit parc ».

Par le même acte, « lesdits seigneur et dame Le Tellier, voulant contribuer pour l'entretien des ornements nécessaires pour ladite église et se décharger de sept livres onze sols de rente qu'ils doivent à ladite fabrique », donnèrent à la paroisse une rente de 100 livres (1).

Dans cette donation, Michel Le Tellier se réservait de pouvoir enfermer d'autres terres dans son parc. L'ayant fait, par acte du 27 décembre 1678, il s'engagea de payer au curé de Chaville et à ses successeurs une rente annuelle non rachetable de 100 livres, à prendre sur les revenus de la terre de Chaville (2).

Le 5 août 1686, Élisabeth Turpin, veuve de Michel Le Tellier, « voulant augmenter le revenu de la cure, afin que le sieur curé, ayant plus de commodité, la desserve à l'édification des paroissiens et contribue exactement à leur salut par son assiduité », fit donation de deux cents livres de rente, à charge de « dire et de célébrer en ladite église tous les premiers dimanches du mois un salut en l'honneur de la sainte Vierge... avec la procession qui se pratique,

(1) Voir Pièces justificatives, n° 5.
(2) Ibid., n° 6.

et après, un *De profundis,* et encore pendant la vie
de ladite dame un *Pater* et un *Ave*, — et aussi de
dire pendant les cinq féries de l'Octave du Saint-
Sacrement un salut..... et encore d'annoncer au
prosne de chacun dimanche de prier Dieu pour
l'âme de défunt Monseigneur le chancelier et à son
intention dire un *De profundis* et l'oraison propre,
et à l'intention de madite dame, *Pater noster*, et
après son décès, *De profundis* (1).

Enfin, le **27** décembre **1686**, Louis XIV, par le
brevet signé de lui et conservé aux archives paroissiales, et contresigné Colbert, donna par moitié à
la cure et à la fabrique neuf arpents et demi de terre
« situez le long du nouveau chemin de Sève, à commencer près le parc de Chaville jusqu'à l'entrée du
village de Sève ». Ces terres, situées près des ou-
vertures faites pour empêcher les eaux qui descen-
daient de la côte d'endommager le pavé, étaient
appelées les rigoles (**2**).

Quand Louis XIV acheta la terre de Chaville, il
en prit en même temps les charges. Grâce à ce document, nous avons la nomenclature abrégée des
biens dont jouissaient en 1695 la paroisse et la cure
de Chaville.

Le roi paiera, est-il dit :

« 1° A M. le curé de Chaville, tant pour luy tenir
lieu de dixmes des terres enfermées dans le parc

(1) Voir Pièces justificatives, nᵒ 7.
(2) *Ibid.*, nᵒ 8.

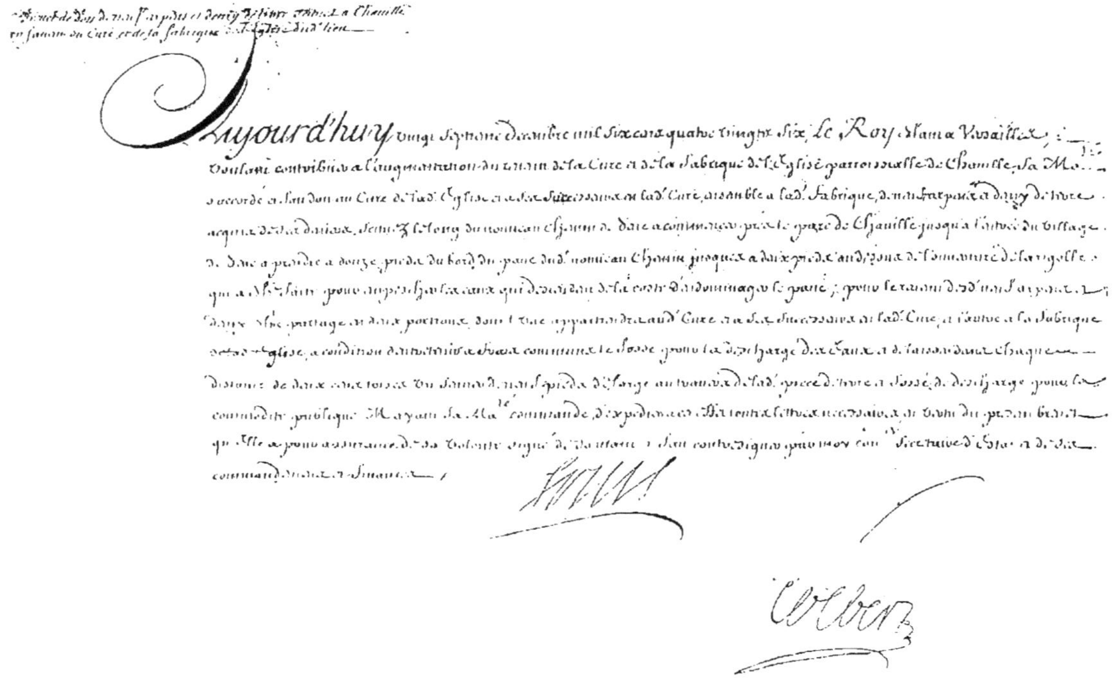
Aujourd'huy vingt septiesme decembre mil six cens quatre vingt six, Le Roy estant a Versailles,
Colbert

15. — Brevet d'une donation faite par Louis XIV à la cure et Fabrique de Chaville. Signatures autographes de Louis XIV et de Colbert. (27 Décembre 1686.)

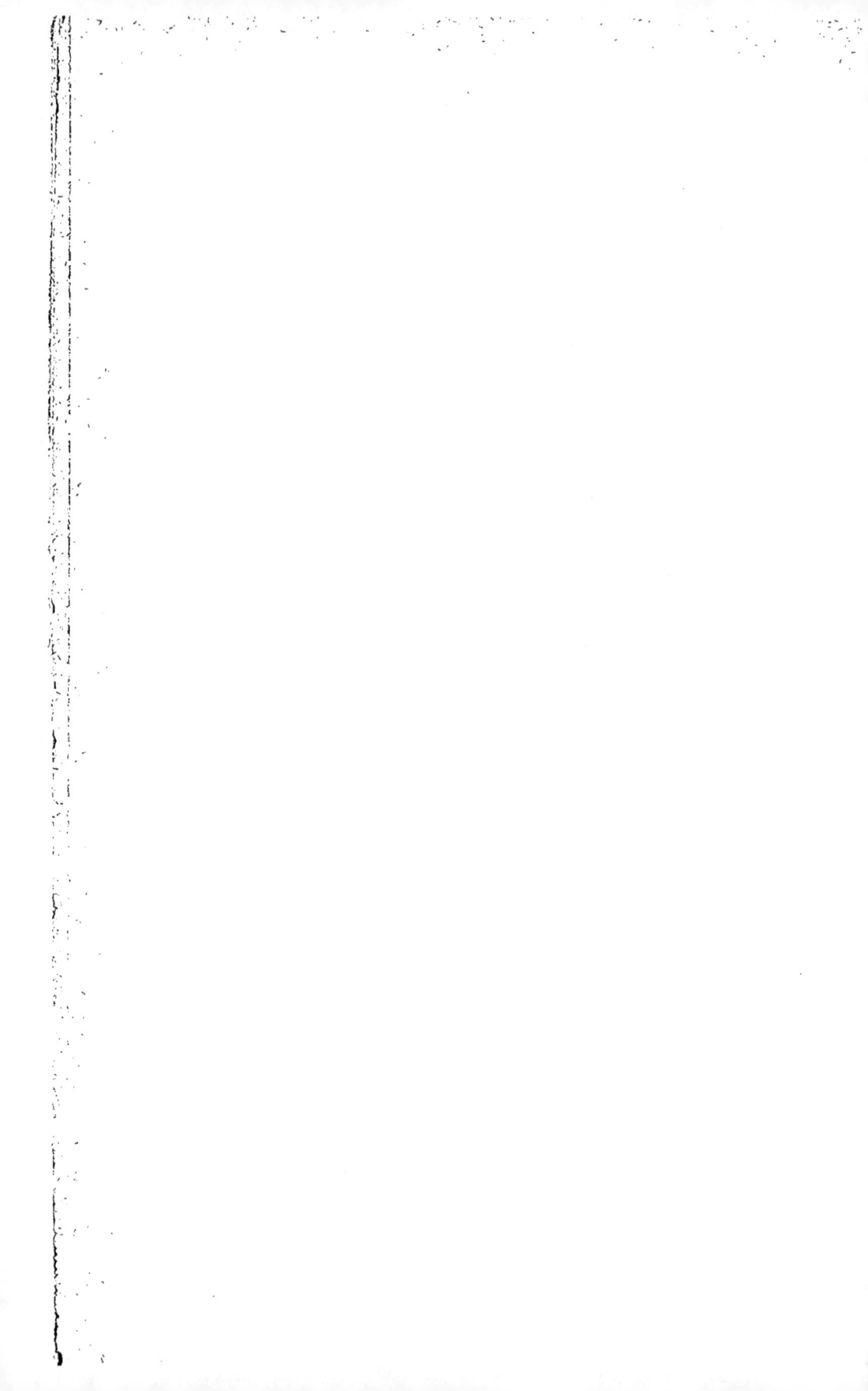

qu'à condition de dire une messe par semaine et
autres prières, 300 livres par an suivant actes passés par lesdits seigneur et dame Le Tellier le 14 septembre 1670 et 27 décembre 1678.

« 2° A la fabrique de Chaville, 100 livres tant
pour l'entretien des ornements que pour être déchargé de plusieurs parties de rentes, suivant ledit
contrat du 14 septembre 1670.

« Plus 430 livres de rentes par an pour l'établissement d'un vicaire, suivant contrat du 14 septembre 1670.

« 3° Aux sœurs de Charité de Saint-Lazare établies pour l'assistance des pauvres malades de Chaville et de Viroflay et pour l'instruction des filles
desdits lieux, 300 livres par an, outre le logement,
suivant le contrat du 14 septembre 1670.

« 4°Au sieur curéde Chaville, 200 livres pour fonda-
tionde saluts et prières, suivant contrat du 5 août 1686.

« 5° Au sieur François Moinot, curé de Viroflay,
120 livres pour la dixme de ce qui est enfermé dans
le parc et de 12 arpents hors le parc, suivant contrat du 18 janvier 1692.

« Plus audit sieur curé de Viroflay, 200 livres
de rente pour la fondation faite par ladite dame
de saluts et de prières, et de petites escolles, suivant contrat du 5 août 1685.

« Plus audit sieur curé de Viroflay 30 livres pour
l'entretien de la lampe que ladite dame luy fait
payer par dévotion.

« 6° A M. le curé de Velizy, 45 livres pour la dixme de ce qui est enfermé dans le parc.

« 7° A M. le curé de Chaville, 9 livres pour moitié d'une ancienne fondation d'une messe par semaine, moyennant 18 livres, dont MM. de Doisu payaient moitié.

« 8° Aux sieurs Verniaut, 25 livres pour un arpent de pré à l'entrée du parc, par contrat du 29 décembre 1664.

« 9° A la fabrique de Chaville, 5 livres deux sols pour des héritages acquis de Charles Surard (1). »

Près d'un demi-siècle plus tard, vers 1740, le livre du Cens nous donne, avec le montant des impôts payés par la fabrique, quelques détails sur la situation et la contenance des biens et terres possédés par la paroisse.

L'église et le cimetière formaient une contenance de 15 perches et ne payaient aucune dîme.

Le presbytère, le vicariat, cour et jardin, tenant d'une part à ladite église et cimetière, d'autre part au parc du Roi, par derrière aux héritiers de Jean Arrou, et pardevant sur la Grande-Rue (de l'église) formaient 18 perches et payaient un sol quatre deniers par an.

Au lieu dit le fond Cramoisy, sur la grande route de Paris à Versailles, une pièce de terre d'un arpent vingt-cinq perches payait deux sols six deniers par arpent.

(1) Arch. nat., O¹ 3837.

Deux autres, au même endroit, l'une de vingt-trois perches, l'autre de soixante-dix-sept perches et demie, payaient toutes deux deux sols six deniers par arpent.

Au lieu dit les Sables, vingt-sept perches payaient quatre sols par arpent.

Les Rigoles étaient frappées d'un cens de un sol huit deniers par arpent. Il y en avait soixante-sept perches un quart au lieu dit les Fortes Terres, le long du grand chemin de Paris à Versailles; — quarante perches, au lieu dit les Fours à chaux, au travers desquelles passe la route du chemin Vert d'un côté, sur le chemin de Paris à Versailles; — et douze perches au lieu dit la Pinsonnière, d'un côté sur le chemin de Paris à Versailles, d'autre côté au chemin de Sèvres à Montreuil, d'un bout en pointe auxdits deux chemins (1).

Enfin, la déclaration faite le 5 février 1790, pour satisfaire aux décrets de l'Assemblée nationale du 13 novembre 1789, nous donne à cette date l'état des biens et revenus de la cure de Notre-Dame de Chaville. De ce document (2) il résulte que jusqu'à cette époque les fondations que nous venons de dire furent régulièrement acquittées. Mais à partir de 1789, les rentes restèrent en « léthargie », comme s'exprime une réclamation faite en 1804 par la municipalité. La léthargie dure encore.

Le 15 thermidor an IV, François Voisin achetait un

(1) Arch. nat.
(2) Pièces justificatives, n° 9.

arpent vingt-cinq perches de terre en trois pièces, pour 1.314 fr. 50 centimes.

Le 16 fructidor, 2ᵉ jour complémentaire an IV, le prebystère (1) avec son jardin et les dépendances étaient vendus à François-Martin Marin et à Pierre-Jean Marin, moyennant 3.240 francs.

Le 15 frimaire an V, Jacques Bunout devenait acquéreur pour 1.479 fr. 68 d'un terrain vague de cinquante-trois perches et de trois petites parties de terrain, formant le jardin du vicariat qui comptait soixante et une perches.

La même année, le 28 ventôse, François Voisin obtenait, pour 186 francs, 62 perches environ de terre en trois pièces.

Et le 21 nivôse an VIII, Antoine-René Dada fils achetait, pour 2.698 francs, une maison appartenant à la fabrique (2).

2° — LA CHAPELLE SAINT-VINCENT DE VILLEPREUX.

C'est le 15 janvier 1658, que Louis XIV donna au curé de Chaville la chapelle Saint-Vincent et les revenus qui y étaient attachés (3).

Cette chapelle était située sur le territoire de Ville-

---

(1) Le presbytère, qui consistait en un bâtiment formant deux ailes, était situé sur l'emplacement où se trouve actuellement la maison de Mᵐᵉ Laval, au n° 35 de la rue de l'Église.

(2) Arch. de la Préfecture de Seine-et-Oise.

(3) Voir Pièces justificatives, n° 10.

preux, dans le grand parc de Versailles, dit un titre
de 1721 (1).

Le 13 février qui suivit la donation royale, messire
François Niquet en prit solennellement possession
sous la présidence de Gérard Chamflour, curé de Villepreux, et en même temps doyen de Châteaufort.
Agenouillé au pied de l'autel qu'il avait d'abord
baisé, le nouveau titulaire entendit lecture de la prise
de possession, et procès-verbal fut dressé en présence de François Gallu, curé des Clayes, Antoine
Poulet, prêtre et vicaire de Viroflay, Jean le Jardinier, prêtre, et vicaire des Clayes, Jean Jubin, vérifi-
cateur, et Emmanuel Chamflour, greffier et tabellion de Villepreux (2).

Douze ans après, le 4 mai 1670, la chapelle et les
biens qui en dépendaient furent définitivement unis
à la cure de Chaville par Mgr de Péréfixe, archevêque de Paris (3).

Ces biens n'étaient pas sans quelque importance,
car le 18 juin 1663, le curé de Chaville, François
Niquet, les louait pour 120 livres à la veuve Deschamps.

Environ vingt ans après, le Roi prit dix arpents
soixante-quinze perches de ces terres pour accroître
le grand parc de Versailles. Il donna alors un dédommagement de 5.645 livres à la cure de Cha-

(1) Arch. paroiss.
(2) *Ibid.*
(3) *Ibid.*

ville (1). En outre, le 28 juin 1729, une rente annuelle de 84 livres 18 sols fut accordée au curé (2).

Ce qui restait des 5.645 livres fut donné en prêt,
le 24 avril 1687, à Denis La Coste, écuyer, seigneur d'Aigrefoin, et à Anne Morin, sa femme, qui
constituèrent au curé de Chaville, chapelain de la
chapelle, une rente annuelle de 282 livres 5 sols.
Pour le paiement de cette rente, ils hypothéquèrent
leur seigneurie d'Aigrefoin, sise en la paroisse de
Saint-Remy, près Gif et Chevreuse, et plusieurs autres
maisons leur appartenant, notamment à Versailles,
rue de la Pompe (3).

Dix ans après, le curé plaçait 5.652 livres, rembour-
sées par Denis La Coste, sur l'Hôtel de Ville de Paris,
au denier 18 moyennant un revenu de 314 livres (4).

La partie des terres qui restait à la chapelle continua d'être louée par les curés de Chaville.

En 1721, le 14 février, Edme Laborme, laboureur
à Villepreux, les tenait pour 60 livres. Ces terres formaient encore une contenance de six arpents soixante
perches un quart, en trois pièces : la 1re de quatre
arpents quarante-cinq perches au lieu dit « les
Boulleaux »; — la 2e d'un arpent douze perches près
l'église de Villepreux, sur le chemin de Neauphle; —

(1) Sur cette somme le curé de Chaville donna en dédommagement la somme de 300 livres à Jacques Deschamps, locataire desdites terres.
(2) Arch. paroiss.
(3) Arch. nat., O¹,3837.
(4) *Ibid.*, O¹ 3831.

la 3ᵉ d'un arpent douze perches trois quarts, au même endroit.

A la Saint-Martin d'hiver 1765, le curé de Chaville, Marc-Antoine Corval, loua ces terres pour neuf années à Antoine Beguin, marchand de vins à Villepreux. Outre les cens et droits seigneuriaux dus à M. le comte de Villepreux et qui se montaient à 9 sols et 8 deniers, le preneur devait payer 90 livres par année au curé de Chaville.

A cette époque, les biens subirent une plus-value notable, car le 17 décembre 1783, Nicolas Georges, curé de Chaville, par bail passé devant Mᵉ Rauland, notaire à Versailles, louait pour neuf années à Noël Brunot, cabaretier à Villepreux, les terres de la Chapelle, moyennant 180 livres. A ce moment, le comté de Villepreux avait été acquis par le domaine de Versailles, car c'est au Roi que le preneur devait payer les 9 sols 8 deniers de cens annuel (1).

Ces biens furent vendus, le 21 août 1791. Jean Baptiste Ricqbour, notaire à Versailles, rue Satory, se rendit acquéreur, pour la somme de 8.150 francs, de six arpents, soixante-neuf perches, en trois pièces, sises au Haut-Boulleau, sur le chemin de Neauphle (2).

Quant à la chapelle, elle avait disparu au milieu du dix-huitième siècle. En 1733, comme elle tombait en ruines, M. Louis Gautier, curé de Chaville,

(1) Arch. paroiss.
(2) Arch. de la Préfecture de Versailles.

en demanda la démolition à l'archevêque de Paris,
et donna à l'appui de sa requête les motifs suivants :

« 1° Parce que cette chapelle est réunie à perpétuité à la cure du suppliant;

« 2° Parce que le revenu est fort modique ;

« 3° Parce qu'elle est mal construite, extraordinai-
rement humide, et par conséquent pourrissante ;

« 4° Parce qu'elle menace ruine et que si le suppliant était obligé de la faire rétablir, il ne lui en
coûterait pas moins de 300 livres.

« 5° Parce qu'elle est hors dudit Villepreux, et
quand autrefois on y disait la messe, il fallait que le
prêtre amenât avec lui un répondant, car personne
d'ailleurs n'y assistait : mais il y a près de dix ans
qu'on n'y a célébré, tant par cette raison de l'éloignement qu'à cause de l'indécence qu'il y aurait eu
d'y dire la messe, étant en aussi mauvais état qu'elle est.

« 6° Le suppliant est obligé par l'acte de réunion
de dire ou de faire acquitter seulement douze messes
par an; il y a huit ou neuf ans que feu Mgr le cardinal de Noailles lui accorda la faculté de les dire
dans sa paroisse, ce qu'il a fait depuis ce temps, en
sorte qu'à cinq ou six messes près, il y a plus de
quinze ans qu'on a cessé d'acquitter les douze messes
dans ladite chapelle.

« 7° Ni M. le curé de Villepreux, ni ses habitants
ne s'opposeront point à ladite démolition, n'y ayant
aucun intérêt (1). »

(1) Arch. paroiss.

En réponse à cette demande, l'archevêque de Paris commit le S. L'Ange, curé d'Igny, promoteur rural du doyenné de Châteaufort, pour informer *de commodo et incommodo*.

Cette enquête eut lieu « le 4 mai 1733, à deux heures de relevée, après la publication faite au prône de la messe paroissiale de Villepreux ». Sept habitants se présentèrent à l'Assemblée, en la salle presbytérale, outre le curé de Villepreux, messire François Lauseurre. Le doyen de Châteaufort demanda aux habitants « s'ils avaient quelque interest, moyens, tiltres ou raisons en vertu desquels ils seroient en droit de s'opposer à ladite démolition ; à quoy lesdits habitants ont unanimement répondu qu'ils n'avaient aucun tiltre, et néanmoins ont déclaré s'opposer à ladite démolition ; et quant audit sieur curé de Villepreux, il a déclaré consentir à tout ce qu'il plairait à Mgr l'Archevêque d'ordonner (1) ».

3° — LE VICARIAT.

Le vicariat fut établi par Michel Le Tellier et Élisabeth Turpin, sa femme, par acte passé devant Me Gallois, notaire à Paris, le 14 septembre 1670.

« Voulant establir quelque chose de stable pour le bien des habitants de la paroisse de Chaville, dit ce titre, afin qu'ils soient secourus dans leurs besoins

(1) Arch. paroiss.

spirituels, le tout pour la plus grande gloire de
Dieu, » nous déclarons établir « un vicaire pour ladite paroisse, à perpetuité, qui sera prestre et nommé
par les seigneurs de Chaville et destituable par
eux...; lequel vicaire célébrera la sainte messe à l'intention desdits seigneurs Le Tellier tous les jours de
l'année dans l'esglise de ladite paroisse, excepté
qu'il la célébrera dans la chapelle du chasteau,
lorsque les seigneurs dudit Chaville y étant le de-
sireront...; fera le catéchisme tous les dimanches et
festes après vespres dans ladite esglise dudit Chaville, assistera et aydera le sieur curé dans les fonctions de l'esglise, ainsi que les autres vicaires, et aussy
il sera logé... Et auquel vicaire sera payé par chacun
an, de quartier en quartier, 450 livres, sur ses quittances, à prendre sur les revenus de ladite terre de
Chaville, et que pour le temps qui se passera depuis
la destitution ou la mort dudit vicaire jusques à la
nomination et establissement d'un autre, lesdits 450
livres appartiendront à Hostel-Dieu de Paris, afin d'o-
bliger les seigneurs dudit Chaville de remplir la
place dudit vicaire... Et sy par la suite des temps,
il arrive que les choses augmentent de prix par la
cherté ou autrement, lesdits seigneur et dame fondateurs veulent que lesdits 450 livres soient augmentées à proportion pour suffire à la nourriture et
entretien dudit vicaire honestement... Et d'autant
que ladite place de vicaire est à présent remplie par
Maistre François du Tailly, personne de sçavoir et de

mérite dont la probité est reconnue desdits seigneur et dame et de toute ladite paroisse, ils entendent qu'il ne pourra être dépossédé pendant sa vie et autant de temps qu'il voudra bien desservir ledit vicariat (1) ».

Le vicariat subsista jusqu'à la Révolution. A cette époque, un revenu de 780 livres lui était assuré. Il se composait ainsi :

Sur le domaine	530	livres.
Sur la cassette de Capet (sic)	120	—
Sur le trésor royal.	70	—
Attribution pour le bois	60	— (2).

Nous avons vu Jacques Bunout acheter, le 15 frimaire an V, le jardin du vicariat. Ce jardin était situé, disent les Archives municipales, « près le carrefour du haut Chaville, dans lequel était une fontaine de bonne eau à boire (3) ».

Il y avait « dix poiriers en espalier, onze petits pruniers, sept pommiers à haute tige, trois à basse tige. La maison était meublée par le Roi. L'inventaire dressé le 26 juillet 1790 nous apprend qu'on y voyait « quelques ustensiles de cuisine, une chambre à coucher composée d'un lit en bois, avec grands rideaux, une commode et un peu de linge (4) ».

(1) Arch. paroiss.
(2) Arch. de la Préfecture de Seine-et-Oise.
(3) La maison, notablement transformée, porte aujourd'hui le n° 1 de la rue de Jouy. Primitivement le vicaire était logé dans un corps de bâtiment dépendant du presbytère, situé, avons-nous dit, sur l'emplacement de la maison portant actuellement le n° 35 de la rue de l'Eglise.
(4) Liste des vicaires, Pièces justificatives, n° 3.

Un curé, un vicaire, tel était donc le clergé de Chaville. Cependant, aux temps de l'Avent et du Carême, un Capucin du couvent de Meudon (1) venait leur prêter le secours de son évangélique parole. Dans ce but, la Fabrique payait, en 1685, trente sols pour l'Avent et trois livres pour le Carême.

4° — L'ÉGLISE.

L'ancienne église était située sur l'emplacement de l'église actuelle, nous dit l'abbé Lebœuf, et, comme elle, orientée. En 1459, Jean Mouchard, curé de Bagneux, agissant comme vicaire de maître Jean de Courcelles, archidiacre de Josas, la visita et la trouva dans un tel état de « caducité et de ruines » qu'il ordonna, « autant que faire se peut, la réparation de la partie antérieure, et par suite l'éloignement de tout danger ».

Au commencement du dix-septième siècle, l'église actuelle, qui est sous le vocable de Notre-Dame, fut construite. En 1654, Michel Le Tellier en fit rebâtir le chœur, avec des augmentations. « Elle est petite, mais porpre, dit encore l'abbé Lebœuf, et en simple forme de chapelle. Au frontispice, on y voyait les armes de MM. Le Tellier (2). »

(1) Ce couvent fut le premier établi par les Capucins en France, grâce au cardinal de Lorraine qui leur donna un enclos de trente arpents appelé aujourd'hui encore « l'enclos de l'ancien couvent des Capucins ».

(2) *Hist. du dioc. de Paris*, t. VIII.

En 1769, la nef et le chœur menaçaient ruines. Des travaux qui se montèrent à la somme de 9.455 livres 16 sols 3 deniers furent exécutés sous la direction de M. de Dreux, architecte du Roi, qui « donna gratuitement ses soins pour la décoration de la maison du Seigneur (1) ».

Le 31 mai 1773, la nouvelle nef fut solennellement « bénite par M. Robert, prêtre, docteur de la maison sainte de Sorbonne, curé de Sèvres, et doyen rural du doyenné de Châteaufort, en vertu d'une commission adressée par Mgr l'archevêque de Paris, assisté de M. le curé de Chaville et de son clergé (2) ».

Deux ans après, le 28 juillet 1775, on dut restaurer les vitraux qu'une grêle extraordinaire avait brisés.

A cette même époque, furent achetés d'importants objets mobiliers, notamment trois stalles (3) sculp-

---

(1) Arch. paroiss. C'est à cette époque que fut construite la chapelle de droite (chapelle de la sainte Vierge). La chapelle de gauche (chapelle du Sacré-Cœur) fut construite en 1856, par M. Loubat, maire de Sèvres, qui fit faire sous cette chapelle un caveau de famille où sa fille, la comtesse de Comminges, fut inhumée pendant quelque temps. Il fit également refaire la façade de l'église.

(2) Arch. paroiss. La tribune fut construite en 1830. Le Roi donna 1.000 francs, le ministre des affaires ecclésiastiques, 300 francs; la commune s'imposa pour 1.000 francs payables en deux années. Cette tribune fut agrandie en 1896. Des orgues y avaient été construites en 1893, par MM. Abbey frères, de Versailles.

(3) Ces stalles furent débarrassées, en 1893, de l'épaisse couche de peinture qui cachait leurs délicates sculptures, et une quatrième stalle fut construite.

tées que possède encore l'église et qui furent cédées moyennant **72** livres, par M. Sainnet, curé de Montreuil.

Deux cloches célébraient les joies ou pleuraient les deuils de la famille paroissiale. La plus ancienne fut achetée en **1647**; la seconde fut refondue à Versailles en **1725**, moyennant **198** livres. — La Révolution fit disparaître l'une; l'autre fut remplacée en **1863**, par la cloche actuelle qui fut bénite, vers la fête de Noël, par Mgr Jean-Pierre Mabile, évêque de Versailles, M. l'abbé François Luke Metcalfe étant curé, Alfred Ridoux adjoint, Alfred Desplasses de Montgobert, président de la Société de secours mutuels, MM. Guilleminot, Lelarge, Gallet, Kern et Drappier, membres du conseil de Fabrique. Elle eut pour parrain M. Georges-Emmanuel-Ferdinand Courot, maire de Chaville, et pour marraine Louise-Étiennette-Anastasie Rodot, son épouse. On lui donna les noms de Georgette-Marie-Louise. Elle sortait de la fonderie de M. Dubuisson-Gallois, à Paris.

En **1887**, une seconde cloche fut donnée à l'église de Chaville par Mme Vve Fourchon, en mémoire de Philippe Fourchon, et de Max Fourchon, décédé en **1879**, second secrétaire d'ambassade à Constantinople. Elle fut solennellement baptisée par Mgr Paul Goux, évêque de Versailles, le **16** octobre **1887**, M. l'abbé A. Ancourt étant curé et M. Th. Hébert, maire. Elle reçut les noms de Louise-Max-Philippe Charlotte. Le parrain fut M. Charles Robert, président du conseil de Fabrique, et la marraine Louise Laurent de Montrichard, Vve Fourchon. Sa robe de bronze porte la devise : *Semper pro patria*. Elle avait été fondue par MM. Paul et Charles Drouat, à Douai (Nord).

Notons aussi ce détail que plusieurs inhumations furent faites dans l'église, selon la coutume de nos ancêtres, qui aimaient à reposer sous le banc de famille dans lequel si souvent ils étaient venus prier. Nous avons vu que ce fut le cas de Jehan Lasne, seigneur de Chaville, en 1398. Ce fut également le cas de Jacques-François Gauphiné, qui fut inhumé dans la nef en 1768.

Ces sortes d'inhumations furent réglementées, notamment par l'archidiacre de Josas, Goulard, qui, en 1719, au cours de sa visite, ordonna qu'à l'avenir il serait payé « douze livres pour l'ouverture de terre et enterrement d'un grand corps dans l'église et six livres pour un petit corps, à la charge de faire recarreller la fosse (1) ».

En cette année 1719, les observations de l'archidiacre furent nombreuses et typiques. C'est ainsi qu'il déclare dans son procès-verbal que désormais « les femmes de la paroisse, ny d'ailleurs, n'auront point de place dans le chœur ». Et il ajoute « sur ce qui nous a été représenté qu'il se commettait des immodesties et des dissipations aux messes de mariage lorsque l'on faisait jouer des violons, avons ordonné

---

(1) Arch. paroiss.

que l'on n'y souffrira plus désormais de joueurs de violon ».

Ajoutons qu'en 1788, le 6 avril, la visite paroissiale fut faite par l'archevêque de Paris, Mgr Léon Le Clerc de Juigné, qui signa au registre des délibérations de la fabrique.

Dans le chœur de l'église se trouvaient plusieurs bancs réservés : celui des marguilliers, celui des sœurs, et celui du seigneur qui au dix-huitième siècle était appelé le banc du Roi, Chaville faisant alors partie du domaine royal.

Dans ce dernier prenaient place les officiers et commensaux du Roi, qui, en vertu des règlements touchant les préséances, avaient droit à certains honneurs. C'est ainsi que le bedeau leur offrait le pain bénit « par morceaux de distinction » à eux et leur famille, après le clergé, et avant les marguilliers. Ils avaient aussi une place de préférence aux offrandes et cérémonies de l'église, et avaient droit, aux dépens de la fabrique, à un cierge pour assister à la procession de la Chandeleur.

Nous devons ces détails à un procès qu'intenta, en 1778, au curé et aux marguilliers, un sieur Gaulard, garde à pied de la capitainerie de Saint-Germain-en-Laye, en résidence à Chaville. Il se plaignait de ce que le pain bénit, à deux reprises différentes, n'avait pas été présenté, une première fois. le 13 décembre, à sa fille cadette; et une seconde fois. le 28 décembre, à sa fille aînée. En dommages intérêts, il ne

demandait rien moins que 300 livres applicables de
son consentement aux pauvres de la paroisse, et
l'impression avec affichage de cent exemplaires aux
dépens du curé et des marguilliers.

Mais ceux-ci répondirent :

1° Que le sieur Gaulard n'habitait pas dans l'éten-
due de l'exercice de sa charge, conformément à l'article 5 de la déclaration du Roi du 29 octobre 1689,
Chaville n'étant pas dans la dépendance de la capitainerie de Saint-Germain-en-Laye ;

2° Que sa fille cadette était inconnue, le plaignant
l'ayant mise en pension hors Chaville ;

3° Que l'usage de la paroisse était de ne pas présenter la corbeille du pain bénit aux enfants qui
n'ont pas fait leur première communion, parce
qu'ignorant que « c'est là un acte de religion, ils se
livrent inconsidérément à la gourmandise qui les do-
mine, en cherchant les plus gros des morceaux, ou
en prenant plusieurs pour satisfaire leur goût; »

4° Que, quant à la fille aînée, elle avait quitté
l'église, au moment de la présentation du pain bénit ;

Et qu'enfin, en 5° lieu, Gaulard n'avait droit à
aucun honneur, tenant un cabaret à Chaville, où il
loge à pied et à cheval, vend vin, bière, bois, exerce
la boulangerie, exploite des carrières à plâtre et à
chaux, « contrairement à l'article 29 de juin 1614,
portant que les officiers du Roy ne peuvent s'employer à aucune vacation répugnante ». Les hon-

neurs de l'église, ajoutaient les curé et marguilliers, ne doivent pas être prodigués « à des personnes qui par état se rendent les valets du public. Il ne serait pas de la décence de voir un homme à qui on fait rincer un verre, à qui on commande de desservir une table, de l'essuyer, faire un lit, et autres actes de service plus ou moins serviles, prétendre avoir le pas et les distinctions sur des gens qui lui commandent et par qui il consent d'être commandé. »

Ce dernier argument surtout avait une trop grande portée. Gaulard n'y put échapper.

En vain, il allègue qu'un commensal du Roi est cabaretier à Saint-Cloud. On lui fait remarquer qu'il ne fait que vendre le vin de son cru.

En vain, il cite le sieur de la Roche, garde de la porte de M. le comte d'Artois, qui exerce l'art de la peinture à la manufacture de Sèvres. On lui fait observer « que la peinture est un art libre qui peut être exercé par les nobles sans déroger », et que du reste, « des lettres patentes données en faveur des ouvriers de la manufacture de Sèvres, permettent à toutes sortes de personnes d'y travailler sans déroger à leurs droits et privilèges ».

Gaulard fut débouté de sa demande et condamné aux dépens (1).

Diverses confréries étaient établies dans l'église de Chaville. La plus récente est celle du Saint-Sacre-

_____

(1) Arch. paroiss.

ment qui fut fondée en 1829 (1), et la plus ancienne
est celle de Saint-Fiacre qui existait déjà en 1644, et
dont nous voyons le bâton se vendre, en 1673, une
livre et dix sols.

Mais la plus importante était sans contredit celle
du Saint-Rosaire, établie en 1686, par l'archevêque
de Paris, Mgr François de Harlay de Champvallon.
Nous en possédons encore le bref d'érection et les
statuts.

On a coutume de ne voir dans ces anciennes confréries que de simples associations de prières. Sans
doute, il est recommandé aux confrères « de prier
Dieu une fois le jour pour les besoins les uns des autres, afin d'être plus parfaitement unis par ces liens
de charité ; » et, en cas de décès, un service devait
être célébré « aux dépens de la Confrérie pour le
repos de l'âme du défunt; » mais, ces sortes
d'associations avaient encore une réelle portée sociale.
Nous n'en voulons pour preuve que ce statut :

« S'il arrive que quelqu'un des confrères tombe
dans une extrême pauvreté, il sera secouru par la
Confrérie du Conseil cy-dessus, et les confrères seront
exhortés de l'assister en leur particulier (2). »

(1) Ses premiers marguilliers furent messieurs Roger fils et Le
Loutre.

(2) Voir Pièces justif., n° 11. — La Société de secours mutuels, sous
le vocable de Notre-Dame, a été fondée en 1859, par M. l'abbé
Metcalfe, curé de Chaville, et M. Desplasses de Montgobert. On
doit aussi à ce vénérable ecclésiastique dont le souvenir est toujours vivant à Chaville, une œuvre de Sainte-Anne pour le soin
des malades, et un comité de patronage pour l'asile. Ces deux ins-

A ce sujet, nous insérerons ici un document du dix-septième siècle, qui montre jusque dans quels détails entrait notre vieille législation française que l'esprit chrétien animait, quand il s'agissait de protéger l'enfant devenu apprenti.

Le 30 mars 1655, Michel Moriset, âgé de seize ans, fils de Michel Moriset, en son vivant tabellion à Chaville, fut confié à Denis Lespinne, maçon au même lieu. Acte en fut dressé, et dans cet acte, le maître s'engagea « à luy montrer et enseigner du mieux qu'il pourra le mestier de maçon, dont il se melle et entremetz, et durant ledict temps, luy quérir et livrer son vivre, boire et manger, feu, lit, logis, lumière, vesture, chaussure et linge, chausse, souliers, et tous autres sortes d'habitz, comme pourpoint, hautechausse de bure gris et aultres nécessités d'habitz, le bien entretenir et fraitter doucement, lui bailler cinq soulz par chacune sepmaine durant ledict temps pour ses menus plaisirs, et, en la fin dudict temps le rendre bien et honnestement habile selon son estat. » De son côté l'apprenti promit de « servir ledict Lespinne, son maistre, bien loiaument audict mestier de maçon en tout aultres choses licites et honnestes, faire son profict, eschever son domage, l'advertir du contraire sitost qu'il parviendra

titutions ont rendu les plus grands services. La première a disparu, mais a été remplacée par les Petites Sœurs de l'Assomption, qui visitent et soignent les malades pauvres avec un dévouement auquel tous, sans distinction de croyances et d'opinions, aiment à rendre un hommage reconnaissant.

à sa congnoissance, sans soy enfuir ni ailleurs servir ledict temps (1). »

Notre législation actuelle a-t-elle fait mieux?

Les pèlerinages étaient dans les mœurs de nos ancêtres. Fréquemment nous les voyons s'en aller nombreux aux sanctuaires élevés çà et là, parfois à une assez grande distance.

Les fidèles de Chaville avaient coutume de faire chaque année trois pélerinages célèbres dans la contrée : c'était d'abord le pèlerinage de Nanterre pour lequel, en 1740, la fabrique constatait une dépense de onze livres, neuf sols et six deniers; — c'était ensuite celui de Saint-Antoine, près Versailles, qui entraînait, en 1640, une dépense de vingt sols; — et enfin celui de Sainte-Geneviève, à Paris, qui, en 1691, coûtait quarante sols. La procession des Rogations allait jusqu'à Ville d'Avray; une somme de onze sols était allouée.

Ces dépenses parurent sans doute excessives à l'archidiacre de Josas, car nous lisons dans le procès-verbal de la visite qu'il fit au cours de l'année 1723 « qu'à l'avenir il ne sera alloué au marguillier comptable que la somme de 10 livres pour la dépense de la procession extraordinaire qui se pourra faire dans la suite pour quelque nécessité particulière à sainte Geneviève ou ailleurs, et ne pourra être fait de procession extraordinaire à la distance

_____

(1) Arch. de Seine-et-Oise, série I.

de plus de deux lieues, sans une permission de Son Éminence ou de Messieurs ses grands vicaires (1). »

Ajoutons qu'à Chaville, comme partout en France, étaient usités ces feux de joie connus sous le nom de feux de la Saint-Jean, dans lesquels certains ont voulu voir une coutume païenne, un souvenir du culte du soleil, parce qu'ils étaient allumés au solstice d'été. A Paris, ce feu de la saint Jean était allumé par les échevins ; au village, par une sommité paroissiale. C'était prétexte aux divertissements les plus bruyants, aux dépenses les plus exagérées ; pas à Chaville toutefois, où la Fabrique ne payait pour le bois, en 1769, que trente-neuf sols, et en 1704, que douze sols.

5° — LES ÉCOLES PAROISSIALES.

Les deux œuvres capitales à Chaville furent les écoles paroissiales et l'hospice.

En tout temps l'Église s'est préoccupée de cette double faiblesse : l'enfant et le malade.

Sous son inspiration, partout se sont élevés des écoles et des hôpitaux.

A Chaville, ce fut le grand chancelier de France, Michel Le Tellier, qui fut l'auteur de ces deux fondations.

(1) Arch. paroiss.

Par contrat passé à Paris devant M° Gallois, en date du 14 septembre 1670, nous avons vu l'illustre chancelier et Élisabeth Turpin, sa femme, établir un vicaire.

Outre ses fonctions sacerdotales, il devait instruire « les enfants masles dudit Chaville et Viroflay, et pour cet effet tenir escole pour leur apprendre à lire... auquel vicaire sera payé par chacun an quatre cent trente livres.

« Et aussy lesdits seigneur et dame Le Tellier fondent par ces présentes à perpétuité la place de deux filles de celles instituées par la maison de Saint-Lazare de Paris... lesquelles deux filles instruiront les filles dudit Chaville et Viroflay, leur apprendront à lire, à travailler, à coudre. »

Elles reçurent pour ce soin et celui des malades, chacune 150 livres.

Ces écoles paroissiales vécurent jusqu'à la Révolution.

En 1794, le vicaire ayant dû quitter la paroisse, le conseil de la commune arrêta que le citoyen Chaumart, après présentation des certificats de moralité et de civisme, enseignerait les jeunes garçons.

Mais cet instituteur disparut peu après, et n'eut pas de successeur immédiat, car le 20 août 1803, nous voyons le conseil municipal réclamer et faire remarquer que le gouvernement étant en possession des bois nationaux dont les propriétaires payaient jadis les instituteurs, conformément à la donation Le Tellier, « il ferait acte de justice en payant de nouveau les revenus, la commune étant trop pauvre pour payer les frais d'une école et loger un instituteur ; ... — qu'elle n'a pas d'écoles primaires,... — et que, sans la justice que réclame la commune, il est impossible qu'elle se relève jamais du malheur que lui a causé la Révolution (1). »

6° — L'HOSPICE.

Par le même contrat du 14 septembre 1670, Michel Le Tellier et Élisabeth Turpin établirent un hospice dans la paroisse.

« Lesdits seigneur et dame fondent par ces présentes, y est-il dit, à perpétuité, la place de deux filles d'école instituées par la maison de Saint-Lazare de Paris, pour l'assistance des pauvres malades de ladite paroisse de Chaville et Viroflay, lesquelles sœurs seront logées dans le logement où elles sont à présent tant qu'il subsistera ;.... à chacune desquelles sera paié par chacun an par quartier et par avance 150 livres pour leur nourriture, entretien, chauffage et toute autre chose. »

Dans la nuit du 8 au 9 août 1769, l'hospice fut

---

(1) Arch. municip.

incendié et les sœurs durent retourner à leur maison-mère. Mais dès le 27 du même mois, les habitants se réunirent en assemblée dans la salle presbytérale, et « le curé fut autorisé à louer une maison et à prier la supérieure générale de l'Ordre de vouloir bien envoyer trois sœurs à Chaville ».

Cette décision fut prise à l'unanimité, ajoute le procès-verbal, « le vœu des habitants étant qu'on accélérât le plus tôt possible le retour des chères sœurs de Saint-Lazare, dont la piété, le zèle et l'activité à remplir tous les devoirs de leur état leur ont mérité l'estime et la vénération des gens de bien. »

En vertu de cette délibération, le curé loua une maison à Jacques Dada, moyennant cent livres que payèrent les marguilliers, « en attendant qu'ils fassent de très humbles remontrances à Sá Majesté pour obtenir la décharge de la Fabrique et le dédommagement de ses déboursés (1). » Le Roi, en effet, en achetant Chaville avait assumé les charges dont Michel Le Tellier avait grevé le domaine.

La maison hospitalière fut reconstruite ; le Roi paya et les sœurs entrèrent dans le nouvel établissement ; mais, ce ne fut qu'après 1778 ; car, à cette date, la Fabrique payait encore à Jacques Dada les cent livres de location.

Après la Révolution, l'hospice devint le presbytère qui fut longtemps appelé dans les actes du com-

(1) Arch. paroiss.

mencement de ce siècle « la maison de l'hospice »
ou encore « la maison des Sœurs (1) ». Dès le prin-
cipe, du reste, à cet emplacement devait se trouver
l'hospitalière fondation de Michel Le Tellier, car,
sur un plan de 1696, la maison qui y est indiquée
porte la mention « logement des sœurs (2) ».

Mais une tourmente d'un autre genre devait bientôt
s'élever et emporter à tout jamais l'hospitalière
maison.

Au début de la Révolution, le revenu de l'hospice
s'établissait ainsi :

Le domaine du Roi.	600 livres.
La cassette du Roi.	196 —
Le trésor royal.	200 —
Et pour les médicaments. . .	200 —
Soit un total de. . . .	1.196 livres.

Le premier soin du pouvoir nouveau fut de ne
rien payer. Mais sur les réclamations de la sœur
Anne, supérieure, qui déclara qu'elle et ses com-
pagnes allaient retourner à leur communauté de
Paris, et sur les instances de la municipalité, les
sommes nécessaires au soulagement des pauvres et
à l'achat des médicaments furent payées, du moins
pendant quelque temps.

La maison et le mobilier furent mis en vente

(1) Arch. municip. Les sœurs possédaient également un terrain,
rue de la Marc-Adam, à cette époque, route de Paris, près la fausse
porte.

(2) Arch. nat., O¹ 1520.

comme bien national, mais les habitants firent observer que ce bien n'appartenait pas à la liste civile,
et le tout fut conservé.

Le 20 octobre 1793, ces trois religieuses nommées
Anne Danet, Marguerite Bertrand et Marie-Catherine-
Françoise Apert prêtèrent serment de fidélité à la
Constitution, et acte leur en fut donné (1).

Au mois de décembre suivant, le conseil fit ramasser le bois dans l'enclos de Tessé, émigré, et
ordonna qu'il fût donné « aux citoyennes de la charité qui consacrent leur travail et leurs veilles pour
soulager les indigents et leur procurer gratuitement
les médicaments nécessaires dans leurs maladies (2) ».

Au cours de la Révolution, l'une des sœurs mourut.
La seconde se retira dans un hôpital de Paris. La
troisième était encore dans l'hospice en 1803, gar-
dienne du mobilier, et donnant de son mieux, malgré
son âge, des secours aux malades, dit M. Frémin,
maire, qui fit à cette époque des démarches pour que
les rentes fussent restituées et l'hospice sauvé. Mal-
heureusement ces démarches furent vaines, et Chaville vit disparaître une institution qui, dit encore
M. Frémin, « a rendu tant de services aux habitants
de Chaville et à ceux de Viroflay qui bénissent la
mémoire des fondateurs d'un si grand bien, utile
même à l'État par les citoyens qu'il conservait (3). »

(1) Archives de la mairie.
(2) *Ibid.*
(3) *Ibid.*

Mentionnons ici qu'au quatorzième siècle, les lépreux de Chaville, comme ceux de Viroflay, du Chesnay et de Rocquencourt, étaient envoyés à la maladrerie de Versailles qui était située entre Montreuil et Versailles, et qui fut détruite en 1679. Elle existait déjà en1350 (1).

Mentionnons aussi que les pieuses filles de Saint-Vincent-de-Paul, outre l'éducation des enfants et le soin des malades, s'occupaient également des autels et des ornements sacrés. Nous les voyons en effet, en 1715, recevoir « douze livres huit sols pour bouquets fournis à l'église ».

En 1729, nous voyons la sœur Jeanne « recevoir deux livres neuf sols pour du clinquant servant à la couronne de la Vierge et pour du fil de différentes couleurs pour raccommoder les ornements (2) ».

7° — COMMUNAUTÉ DES RELIGIEUSES DE SAINT-THOMAS DE VILLENEUVE.

Les religieuses de Saint-Thomas de Villeneuve s'établirent dans la maison qu'elles occupent actuellement en l'année 1856.

Cette maison leur fut donnée par M. le comte de

---

(1) M. Maquet, *Versailles aux temps féodaux*, p. 47. — Le Roi, *Hist. de Versailles*, I, 309.

(2) Arch. paroiss., registres.

Chambaudoin d'Erseville, ancien officier de marine, chevalier de la Légion d'honneur, maire de Verlaines-sur-Seine (Seine-et-Marne), qui n'y mit que cette condition « de travailler à la plus grande gloire de Dieu et au salut des âmes (1) ». Les saintes religieuses n'y ont jamais manqué, car, outre les orphelines qu'elles élèvent, elles ont fondé une école chrétienne libre pour les jeunes filles de la paroisse.

Le comte d'Erseville avait acheté cette propriété, le 16 avril 1855, moyennant 30.000 francs, à la famille Panis qui en était devenue acquéreur le 8 mars 1802 par l'achat qu'en firent Alexis Panis et Marie-Colombe Paillard, sa femme, pour le prix de 22.600 francs.

Antérieurement, elle avait appartenu à Pierre Julien Barrier (27 juin 1793) et à Anne-Rosalie Bayard, domiciliés à Aulnay-les-Bondy ; et, primitivement, à Jean-Aimable Charmat de la Gaité, ancien procureur au Parlement, qui fit construire la maison actuelle. Dans ce but, il avait acquis le 31 décembre 1768, de André Dada et Marie Roguelin, sa femme, 14 ares 97 centiares, chargés de 28 livres 8 sols de rente foncière à la cure et fabrique, comme faisant partie des terres dites les Rigoles données par Louis XIV. Cette rente fut remboursée par Barrier et sa femme, le 15 frimaire an IV, à l'État, receveur de l'agence nationale.

Pendant la période révolutionnaire, la maison fut

_____

(1) Art. 1er de la donation faite devant Me Lefort, notaire à Paris.

louée à un parent des Panis, au sinistre Santerre qui, lors de l'exécution de Louis XVI, ordonna le roulement de tambour sous lequel fut étouffée la voix du royal martyr.

Il y établit une brasserie, ce qui le fit surnommer « Santerre le Mousseux » ou encore « le général Houblon ».

La brasserie avait disparu en 1804, car un titre du 5 ventôse an XII, dénomme la maison « la ci-devant brasserie de Chaville ».

Du reste, depuis longtemps le farouche démagogue, pensionné par Bonaparte, avait disparu, à la suite des défaites ininterrompues que lui infligèrent les Vendéens et qui lui valurent de ses contemporains cette épitaphe anticipée :

CI-GIT LE GÉNÉRAL SANTERRE
QUI N'EUT DE MARS QUE LA BIÈRE.

Le 17 septembre 1863, fut bénite et posée solennellement par M. l'abbé Metcalfe, curé de Chaville, délégué par Mgr Mabile, évêque de Versailles, la première pierre de la chapelle, placée sous le vocable de « la B. Vierge Marie, mère de Dieu, Immaculée, et du bienheureux Joseph, gardien des vierges consacrées à Dieu (1) ».

Le 13 mai suivant, M. l'abbé Chauvel, vicaire général, bénissait solennellement cette chapelle.

(1) Arch. paroiss.

8° — NOTRE-DAME DU BON REPOS.

La statue de Notre-Dame du Bon Repos, au lieu dit le Doisu, près le pavé des Gardes, à l'entrée de la forêt, a été placée en 1869 sous le chêne qui l'abrite, par le vénérable abbé Blondeau, curé de Notre-Dame de Plaisance (Paris), chevalier de la Légion d'honneur.

« Nous confions cette statuette à la garde et à la foi de la paroisse de Chaville, dit-il dans une lettre qu'il adressa le 25 août 1869 à M. le curé de Chaville, plein d'espérance que la très sainte Vierge bénira notre dévotion envers elle, qu'elle accueillera le désir que nous avons eu de la faire aimer et honorer davantage, et qu'elle accordera bien des grâces et des secours de calme, de paix, de repos, aux cœurs blessés, aux âmes inquiètes, souffrantes, malheureuses, qui viendront en ce lieu, dans la suite des âges, l'invoquer avec confiance et piété (1) ».

Une palissade entoure le chêne séculaire dans un périmètre de 60 mètres (2). Des arbustes et des fleurs, des ex-voto de tout genre témoignent de la piété des fidèles qui viennent en grand nombre, le 15 août, accompagner la procession solennelle, et prier la Vierge du Bon Repos.

(1) Arch. paroiss.
(2) Autorisation de M. le préfet de Seine-et-Oise, 1883.

APPENDICE

Le Doisu.

Le carrefour de Chaville appelé Doisu n'était, au quatorzième siècle, qu'un étang, près duquel se trouvait un moulin.

En 1322, il appartenait à Roger de Chaville, qui le vendit à Louis de Chaillant. On l'appelait alors Doisil.

Jean Viel, seigneur de Ville-d'Avray en partie, l'acheta à Louis de Chaillant; mais, le 28 décembre 1398, Jean Viel étant mort, sa femme Pétronille La Mascotte, et son fils Jehannin Viel, revendirent leurs droits sur le four de Chaville, au moulin de Doisu, les terres, l'étang dudit moulin, avec tous les droits que les vendeurs avaient en la bannie desdits four et moulin, à Jehan Lasne, écuyer, valet de chambre du Roy, moyennant vingt livres tournois (1).

Nicolas Hennequin, marchand bourgeois de Paris, en était possesseur, en 1528, car nous l'avons vu payer quatre deniers parisis par arpent pour « vingt-quatre arpents au Doisu, avec la place du moulin et de l'étang qui furent jadis en ce lieu, et environ 30 autres arpents ».

En 1580, Claude Le Clerc, auditeur des comptes, possé-

---

(1) Arch. nat.

dait Doisu. Par acte du 25 octobre 1580, nous le voyons
s'obliger, sous le bon plaisir des seigneurs, curé, marguilliers et habitants, à faire construire à ses frais dans
l'église une chapelle pour lui et sa famille.

Le 21 octobre 1588, Simon de Vigny, seigneur de Chaville, l'autorisa à faire bâtir un moulin où était l'ancien, et où les habitants pourraient faire moudre.

En achetant la seigneurie de Chaville, le 18 décembre
1596, Michel Le Tellier acheta Doisu. Il en prit même
le titre et se fit dès lors appeler « seigneur de Doisu et
Chaville en partie ».

A sa mort, en 1608, le Doisu passa à son second fils
Charles qui, le 15 novembre 1630, le possédait encore,
car nous le voyons à cette date acheter « de Jean Prunier,
trois perches de terre au lieu dit le Vieil Château, chargées
de neuf sols tournois de rente envers l'église de Chaville
pour un obit chacun an, à l'intention des père et mère du
vendeur (1) ». Dans cet acte, Charles prend le même
titre de seigneur de Doisu et Chaville en partie.

A sa mort, qui arriva le 8 août 1635, son fils Jacques devint maître de Doisu; le 20 mars 1651, Michel Le Tellier
lui ayant acheté toutes les terres qu'il possédait dans le
domaine, moyennant 23.800 livres, érigea en sa faveur le
Doisu en fief. Neuf jours après, cette inféodation était ap-
prouvée par les Célestins de Paris, le fief de Doisu relevant de la seigneurie de Chaville, qui relevait elle-même
des Célestins à cause de leur terre de Ville-d'Avray, dont
le Doisu devenait ainsi arrière-fief. Pour cette érection,
les Célestins (2) reçurent un droit de trois cents livres.

(1) Arch. nat. O¹ 3836.
(2) Les Célestins cédèrent au Roi, les 7 et 11 novembre 1647, les

A cette époque, le nouveau fief se composait « d'une maison seigneuriale couverte de tuiles, consistant en une salle basse, chambre et grenier au-dessus » avec vingt arpents, trois quartiers et douze perches de terres, prés, vignes (1).

Jacques mourut peu après cette inféodation. Son frère Charles devint alors seigneur de Doisu; mais étant mort sans alliance, vers 1665, le Doisu devint la propriété de Antoine-René Le Tellier, conseiller en la cour des aides, qui avait épousé Françoise Briçonnet (2).

Son second fils, François René, lui succéda dans sa terre de Doisu; mais il la vendit, en 1687, à un M. Vautier.

En 1741, le Doisu était possédé par dame Catherine de Marius, veuve de Charles-Arnault Deforgeron, officier ordinaire du Roi, contrôleur de feue madame la Dauphine. Des termes de la déclaration qu'elle en fit, le 5 septembre 1741, il résulte que le fief de Doisu consistait :

« 1° En la maison seigneuriale, bâtiments, coûr, jardin, prés, avenue, etc..... le tout contenant vingt arpents neuf perches;

« 2° En cinquante deux perches de prés ;

« 3° En 28 sols 6 deniers de cens à prendre sur deux arpents trente-sept perches et demie de terre en deux pièces.

« 4° En 16 livres de rente foncière à prendre sur soixante

fiefs, terres et seigneuries de Ville-d'Avray, du grand et petit Montreuil, de Porchefontaine en la paroisse dudit Montreuil, de Sèvres, de Metz, la Bouillie, le petit Villetain en la paroisse de Jouy, le grand Villetain en la paroisse de Saclé, le four bannier de Châteaufort, en échange des terres et seigneuries de Jaillac, du Plessis Mériot, des caves de Montmiteil. (Arch. nat., O^1 3866.)

(1) Arch. nat., O^1 3836.
(2) Abbé Lebœuf, VIII, p. 350.

dix-neuf perches et demie d'héritage en deux pièces (1). »

Le 22 mars 1747, la dame de Marius vendit le fief à sa fille Madeleine-Catherine, qui avait épousé le sieur François Joubain, jurisconsulte des Affaires étrangères. Celui-ci continua de jouir du fief, à la mort de sa femme.

Quand il mourut, le 8 juin 1784, son fils aîné Pierre-François, et sa fille Sophie-Thérèse Nicole, femme Coqueret, devinrent propriétaires du fief chacun pour moitié et par indivis. Mais Pierre-François Joubain étant mort le 10 avril 1785, sa sœur Sophie-Thérèse devint seule propriétaire du fief.

(1) Arch. nat., O¹ 3832.

Pavillon de Sully.

Près le Doisu, au sommet de la montée, se trouve une construction sans caractère appelée « pavillon de Sully ». Aucun document n'en fait mention.

Cependant, le 1er octobre 1658, Maximilien-Pierre-François de Béthune, marquis de Rosny, fils de Maximilien-François de Béthune, duc de Sully (1), ayant épousé, dans la chapelle du château de Meudon Marie-Antoinette Servien, fille du seigneur de Meudon, nous inclinons à penser que Sully, qui habita la seigneurie voisine, fit construire près le Doisu un pavillon quelconque, sans doute un rendez-vous de chasse, qui depuis lors porta son nom.

Le pavillon de Sully était encore chargé, en 1823, de 2 fr. 40 de rente annuelle à la fabrique de Chaville, à cause des Rigoles.

(1) Celui-ci était le compagnon et l'ami d'Henri IV. L'époux de Marie Servien n'était donc que le fils du célèbre ministre.

16. — Les glacières de Chaville.

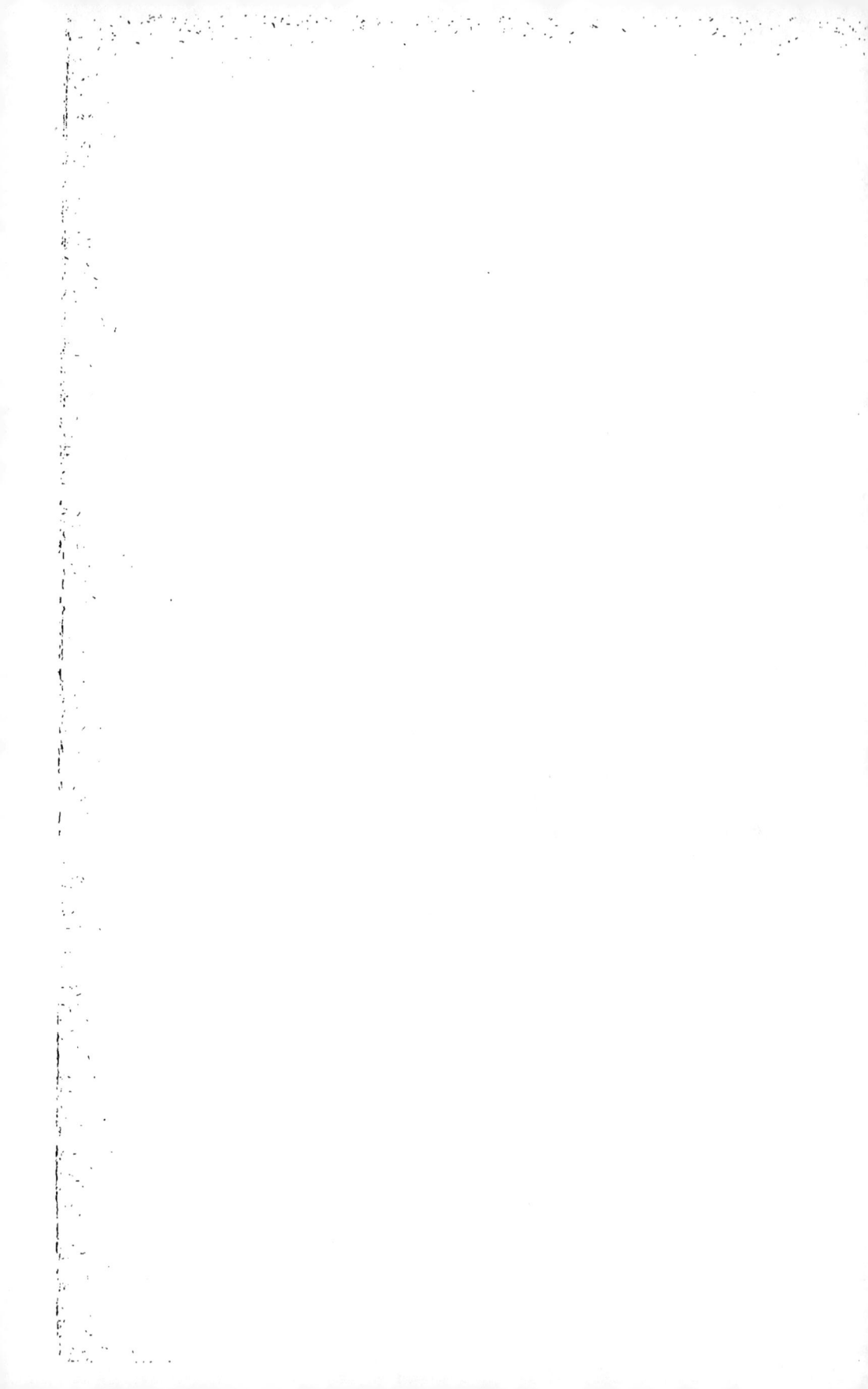

PIÈCES JUSTIFICATIVES

N° 1.

DISCOURS

prononcé par M. Blaise Le Roussel, curé assermenté de Chaville, le 14 juillet 1791, pour la fête de la Fédération.

« Nous célébrons aujourd'hui l'anniversaire de ce jour si mémorable, de ce jour si glorieux pour la France, de ce jour où nous sommes devenus tous libres, et de ce jour où nous devenons tous frères; qu'il est beau, le jour de l'alliance des Français : un peuple de frères ralliés par un serment commun à l'autel de la patrie, quel spectacle imposant et nouveau pour les nations !

« L'édifice de la Constitution s'achève, et bientôt contre lui viendront se briser les vagues de toutes les factions, les orages d'une politique injuste et les fureurs de l'aristocratie et du despotisme. Autrefois l'injustice, la tyrannie et le désordre flétrissaient notre gouvernement et nous opprimaient; mais aujourd'hui la règle, l'ordre et leur incorruptible gardien, la publicité loyale, deviendront les garants de l'obéissance et la sauvegarde de nos propriétés; l'homme reconnaît enfin sa dignité et reprend ses traits. Trop longtemps courbés sous le joug de l'esclavage, nous nous redressons et nous reprenons l'attitude d'un peuple fier de sa liberté.

« Quelles circonstances furent jamais plus impérieuses pour inviter tous les Français à se réunir dans un même esprit, à se rallier avec courage autour de la loi pour affermir et consolider l'établissement de notre liberté naissante !

« Terrassons les ennemis de cette liberté par un serment fédératif et ne leur laissons plus de ressources que dans le désordre et les plaintes de la misère ; ils s'aveuglent sans doute s'ils pensent triompher du désespoir.

« Mais nous ne méritons pas d'être libres si nous ne réunissons tous nos efforts pour prévenir d'aussi déplorables extrémités.

« Pour cela, chers concitoyens, bannissons parmi nous, bannissons loin de nous toutes dissensions, tout esprit de haine, de rivalités et surtout tout intérêt personnel, ne formons plus qu'un parti, qu'une armée, qu'une famille, qu'un peuple. Nous avons une patrie, nous sommes libres, soyons tous frères.

« Apprenez aujourd'hui, chers concitoyens, et n'oubliez jamais que l'union fait notre force et assure le salut des peuples qui veulent briser leurs fers ; apprenez aussi que la nation est l'unique centre de cette union ; elle s'occupe à préserver vos droits des attentats du pouvoir arbitraire, à garantir vos biens des mains avides des déprédateurs.

« Secondons les nobles et généreux travaux par la réunion de nos forces ; ou périr ou vivre libres. Voilà, chers concitoyens, voilà notre devise ; nous sentons encore la pesanteur des chaînes qui nous accablaient ; n'en serions-nous dégagés que pour les reprendre aussitôt ; reculerions-nous dès l'aurore de la liberté ?

« Redoublons, au contraire, de zèle et d'ardeur, et jurons aujourd'hui, chers concitoyens, d'être à jamais unis par les liens indissolubles d'une sainte et religieuse fraternité, de défendre jusqu'au dernier soupir la Constitution de l'État.

« Vous avez déjà fait ce serment auguste ; répétez-le aujourd'hui avec la France tout entière, et que ces cris si touchants et si doux de frères s'entendent, se mêlent et s'accordent avec ceux de nos amis et frères de toutes les parties du

royaume; renouvelons-le. Voici le moment de votre gloire et
le garant éternel de la félicité de cet empire.

« Jurons, chers concitoyens, mais jurons sincèrement d'être
tous amis, d'être tous frères, d'être les zélés défenseurs de
la patrie, les scrupuleux observateurs de la loi de Dieu et de
l'État, et par là nous mériterons d'être libres et de jouir des
avantages de la liberté française. »

Après la prestation du serment, le curé ajouta :

« Nous sommes donc tous frères; vous venez d'en faire le
serment auguste, tous les noms se confondent dans un seul.

« Un grand peuple ne connaît plus que le nom de Français,
et c'est le nom d'un peuple libre ; il n'a plus qu'un sentiment,
celui de l'amour et de la liberté. C'est sur ces bases que vont
reposer la paix et la liberté de la nation française. »

Curés de Chaville.

Du IXᵉ au XIIIᵉ siécle, Chaville n'a qu'une chapelle dépendante de Montreuil.

1250. Guillaume.

1300. La cure est annexée à Montreuil.

1458. Pierre Osanne, en même temps curé d'Ursines.

1475. La cure est annexée à Montreuil.

1528. Jean Lucas.

1534. La cure est annexée à Montreuil.

1603. André Langlois.

1624. Denis Cossette.

1639. François Niquet, installé le jour des Rois 1639, démissionnaire en 1689, mourut à Chaville vers 1694.

1689. Jean Lubin, de Lisieux, promu le 2 janvier 1189, † 4 avril 1708, âgé de 68 ans.

1708. Simon Disson, d'Auxerre, précédemment curé de Saint-Philbert de Brétigny (23 janvier 1703) et de Vert le Petit. Promu le 30 septembre 1708, il résigna la cure de Chaville en 1714.

1714. Louis-Anne Gautier-Duclos, de Troyes; promu le 22 février 1714, il résigna la cure en 1739 et mourut le 16 janvier 1752, âgé de 72 ans.

1739. Jean-Baptiste Patris, de Paris, bachelier en théologie, précédemment curé de Plessis-Paté (28 juillet 1714); promu le 30 octobre 1739, † 2 décembre 1744, âgé de 60 ans.

1744. Jean Lhuillier, de Toul, promu le 2 décembre 1744. En décembre 1751, il devint curé de Saulx-lès-Chartreux, où il mourut le 24 octobre 1776, âgé de 75 ans 8 mois. Il fut inhumé dans le cimetière de Saulx.

1752. Antoine Dupont, d'Amiens, promu le 12 janvier 1752. Curé de Velisy, le 27 décembre 1763, il y mourut le 10 juin 1773. Il fut enterré sous le dallage du chœur de l'église, à main droite. On a rendu à coups de marteau son épitaphe indéchiffrable.

1763. Marc-Antoine Corval, de Rouen, précédemment curé de Saintry (23 février 1756); il devint curé de Chaville le 27 décembre 1763, et résigna en 1767.

1767. Jean-François du Tilloy, d'Amiens, promu le 25 mai 1767, † 7 février 1777, âgé de 42 ans.

1777. Jean-Nicolas Georges, de Trèves, promu le 13 février 1777, précédemment vicaire à Sèvres. Ayant prêté serment à la Constitution civile du Clergé avec RESTRICTION, il fut révoqué le 13 février 1791.

1791. Blaise Le Roussel, de Coutances, vicaire de Chevreuse, fut installé le 10 avril 1791, après avoir prêté serment. Il dut se démettre le 19 novembre 1793 et se retira à Montbray, district de Saint-Lô, où, après rétractation, il fut nommé vicaire en 1804.

1802. Simon-Michel Pateau dit Prudent, décédé le 18 septembre 1803.

1803. Pierre-Joseph Manisse, décédé en 1805.

1806. Joseph-Honoré Couston de Colombe, décédé le 1er février 1807.

1807. Jacques-Philippe Beauval, nommé le 1er mai 1807.

1809. Léon-Honoré Olivier, transféré à Mareil (canton d'Écouen) le 1er novembre 1811.

1811. François Servais, promu le 1er décembre 1811, transféré à Verrières-le-Buisson le 1er janvier 1812.

1812. Claude Taillard, promu le 1er février 1812, démissionnaire le 1er mai 1813.

1813. Pierre Armand, promu le 15 mai 1813, transféré à Presles le 23 janvier 1814.

1814. François-Alexis-Daniel Leféron, promu le 1er octobre 1814, transféré à Croissy le 1er juillet 1815.

1816. Vincent-Joseph Cazé, promu le 1er janvier 1816, décédé à Cambrai le 20 août 1842, fut aussi curé de la Celle-lès-Bordes.

1820. Louis-Christophe Agy.

1821. De Taffet.

1823. François Quinton, décédé chapelain de Vieille-Église, le 24 décembre 1830.

1825. Louvet.

1826. Jean-Nicolas Brallet, de Nancy, promu le 1er avril 1826, transféré le 1er septembre à Saint-Vrain, canton d'Arpajon.

1829. Dany.

1830. Jean-Louis Quinton, décédé aumônier du Collège et de l'École normale de Versailles le 24 mai 1836.

1833. Jacques-Fortuné Chazelle, de Versailles, promu le 27 décembre 1833, transféré à Triel le 9 février 1837.

1837. Henri-Pierre d'Ussieux, de Chartres, promu le 5 mars 1837, transféré à Verrières-le-Buisson le 12 septembre 1841.

1841. François-Antoine Binder, de Dettwiller (Alsace), décédé à l'Hôtel-Dieu de Paris des suites d'un accident de voiture le 27 novembre 1855, et inhumé dans le cimetière de Chaville.

1855. Luc Metcalfe, Anglais naturalisé Français, précédemment vicaire de Sèvres, décédé le 17 juin 1880.

1880. Armand-Constant Ancourt, promu le 1er juillet 1880, précédemment curé de Gargenville, nommé curé-doyen de Beaumont-sur-Oise en janvier 1893.

1893. Louis Dassé, promu le 5 février 1893, précédemment vicaire du Raincy, curé de Rochefort-en-Yvelines et premier vicaire de Notre-Dame de Versailles.

N° 3.

Vicaires de Chaville.

1670. François du Tailly.
1687. Étienne Bonnet.
1707. Georges-René Broutin.
1726. Jean-Bonaventure Baudouin.
1740. Gabriel Le Herre.
1775. Bonnard.
1793. Pierre Salle.
1888. Charles-Octave Sallé.
1889. Urbain Loustalet.
1891. Jules Décourty.

Testament de Charles Le Tellier.

« Au nom du Père et du Fils et du Saint-Esprit.

« Je Charles Le Tellier de Morsans, estant de présent en ma maison de Doisu, parroisse de Chaville, détenu dans la chambre pour reste de maladie qu'il a plu à Dieu m'envoyer depuis quatre mois ou environ, sain toutes fois par sa sainte miséricorde d'entendement et jugement, considérant que la vie de l'homme n'est qu'un souffle de peu de durée et une vapeur qui passe légèrement, qu'il n'y a rien de plus certain que la désunion de son âme future avec son corps et enfin que la mort luy est certaine et rien si incertain pour luy que l'heure d'icelle, désirant ne pas mourir *ab intestat* ai testé en cette forme ayant escrit et signé de ma propre main ce qui en suict.

« Et premièrement, je recommande ma pauvre âme pécheresse et de tout mon cœur à Dieu tout puissant créateur du ciel et de la terre, à la très glorieuse Vierge Marie, a monsieur saint Michel Archange, au bienheureux saint Jean-Baptiste, aux saints apôtres saint Pierre et saint Paul et à tous les saints et les saintes du Paradis qui les veuillent prier pour elle envers le Souverain maistre le Seigneur.

« Plus moy testateur susnommé lègue et donne à M. le Curé de Chaville pour les soins spirituels et temporels qu'il a eus de moy et principalement pour celuy qu'il a eu de m'apporter avec grande dévotion et assiduité audit Doisu par deux fois pendant ma maladie dernière le TRÈS AUGUSTE ET TRÈS

VÉNÉRABLE SAINT SACREMENT et pour ses habits deux cents
livres.

« A M. le Vicaire d'Ursines qui m'a administré par deux fois
la sainte confession avec dévotion et ferveur tant pour ce que
pour autres visites et au lieu d'habits de deuil cent livres.

« A Monsieur Magdelain mon médecin pour les grands soins
qu'il a eus de moy pendant ladite maladie, visites aux champs
et à la ville avec grande assiduité et tendresse..... cent cinquante livres.

« Fondations de l'esglise de Chaville. — Plus moy testateur
susdit et cy après soubsigné désirant de tout mon cœur que le
susdit TRÈS VÉNÉRABLE SACREMENT de l'hostel soit vénéré
et honoré de plus en ladite esglise de Chaville du titre de Notre-Dame mère de Monseigneur Jésus-Christ.

« Je donne et lègue annuellement à la fabrique d'icelle esglise
la somme de soixante livres à laquelle j'affecte et hipotecte
par présentes en privillège spécial le domaine en fonds et revenu de madite maison de Doisu cy devant nommé à la charge
que les curés et marguilliers d'icelle parroisse seront obligés
de faire dire et célébrer à perpétuité le jeudy de chacune sepmaine fournir pour le tout ce qui sera nécessaire à leurs des-
pens, c'est ascavoir une messe basse du Saint Sacrement entière et complette, plus trois salluts aussy entiers et complets
qui seront dits et célébrés pendant l'octave de la feste Dieu,
aux deux festes et dimanches entre deux et outre qu'il sera
fourny aud. jours pour orner, accompagner et tenir le Saint-Sacrement exposé lors sur l'hostel luminaire et autres choses
convenables peur rendre honneur au corps adorable du *Fils
de Dieu.*

« Aussy aux dépens de la fabrique d'icelle esglise laquelle sera
tenu de passer contrat de fondation au pluslôt pour ladite
somme de soixante livres annuelle et perpétuelle. »

Ce testament est du 3 juin 1661.

À ce testament, Charles Le Tellier ajouta des recommanda-
tions qui nous paraissent assez typiques pour être reproduites :

« Je veux et ordonne, dit-il encore, s'il plaist à Dieu duquel
la sainte volonté soit faite, que mon cadavre soit ensevyle

d'une grosse thoille jaulne non plus ample que besoin est qui
sera lyée par les deux bouts de quelques ligatures, sur icelle
à l'endroit de poitrine y sera effigié une croix de quelque matière ancre ou charbon que ce soit puis mis en la bierre de
l'œuvre dudit Chaville pour y estre porté à l'eglise avec la cérémonie et prières dont on a accoustumé d'y observer et d'user
en la personne d'un riche habitant du lieu ou des circonvoi-
sins seulement ordonnant qu'il y sera outre le dit service ordinaire dit trois grandes messes haultes complettes de prestres
et de chantres pour les ames des fidelles trépassez en trois jours
consécutifs s'yl se peut faire avec peu de torches et luminaire
attendu que devant Dieu je suis un pauvre et chétif pescheur.

« Au plustôt qu'il se pourra sera ledit cadavre enlevé dans
ladite bierre deffendant expressément en Dieu que l'on ne
le mette point dans un cercueil de plomb qui n'est qu'une vanité du temps sera sans bruit porté à la parroisse dudit Saint
Nicolas des Champs et là fait telles prières qu'il plaira à messieurs mes exécuteurs ordonner auxquels pour ce je me remets
du tout mais les prie de la part de Dieu vivant que ce soit sans
pompe sans apareil aucun sans despense ny autre son que
d'une moyenne cloche seulement sans tentures de deuil autre
que d'un seul drap devant la grande porte de l'église parement
et luminaire autre que le suivant sans billet ny cérémonie aucune, mais bien avec toute la modestie que leur sagesse su-
plera pour ce selon mon intention pour estre de ladite Eglise
porté mondit cadavre à huit heures du soir ou à quatre heures
du matin par six pauvres gens de mestiers paroissiens qui seront choisis par mesdits sieurs les exécuteurs couvert de poesle
ordinaire que l'on donne aux pauvres de la parroisse seulement assisté de trois prestres et un clere deux enfants de cœur
avec six petites torches et deux cierges non plus et icelluy
conduit dans le cimetière de la parroisse pourra y estre tiré du
cercueil de bois et mis en terre dans une fosse qui a cet effet
sera faite devant le lieu cy devant par moy désigné ou en la
ditte petitte chapelle de la Sainte Vierge Marie doit être construite et où l'on voit son effigie mise dans une couverture au
mur devant le portail au environ des Carmélites dont a esté

plus amplement parlée et ce à la distance du lieu de laditte petite chapelle future de douze à quinze pieds loing et devant ledit lieu d'ycelle sans tombe épitaphe marque ou subscription quelconque que je deffends expressément en Dieu mon créateur. »

Charles Le Tellier fait suivre ces prescriptions de diverses donations. A son confesseur, il lègue 100 livres « pour ses soins et assistances et au lieu de ses habits de deuil ; — à chacun des six pauvres hommes qui porteront son cadavre, 18 livres ; — aux pauvres de Chaville, 100 livres ; — à la paroisse, 50 livres, outre les fondations ci-dessus ; — 20 livres pour la thoille jaune servant de lynceuil, ligature prescrite, effigie de croix et bierre de bois ; — 10 livres, pour l'ensevelissement dudit cadavre ; — à Monsieur le curé de Chaville par ses droits curiaux services messes haultes... droits des prestres par luy mandés... comme aussy pour leur réception en sa maison attendu l'esloignement et distance des parroisses, outre ce que je lui ay cy devant legué, la somme de 60 livres. »

Enfin, le curé de Chaville reçut encore de la libéralité de Charles Le Tellier la somme de 200 livres « pour estre employées à une ou à plusieurs fois à la refection et reedification du presbytaire d'ycelle qui est ruyneux ».

A ces libéralités, le testateur en joignit un grand nombre d'autres en faveur de pauvres qu'il désigna. C'est ainsi qu'il donna à treize pauvres « un habit de bure avec chausses et souliers, un pain de cinq sols et vingt sols ; — à treize pauvres filles d'artisans deux cents livres pour ayder à les marier ; — à la concierge du palais pour le pain des prisonniers trois cents livres ; — aux prisonniers du grand Chastelet aussy pour leur pain deux cents livres ; — pour delivrer quelques prisonniers pour dettes trois cents livres tournois ; — ..... à une vieille femme mendiante de Meudon, appelée la Guion, à un petit homme vigneron surnommé le grand Pierre, à cet homme qui a esté estropié dans son jardin terrassier demeurant à Chevreuse.... à un pauvre carrier demeurant de présent à Sèvres qui a eu la jambe cassée à Chaville, et au père Denis Buisson à présent ydropique, à chacun d'eux la somme de trente livres annuelles et viagères. »

Ces derniers codicilles sont du 17 octobre 1662.

(Arch. paroissiales.)

Donation faite par Michel Le Tellier, chevalier, seigneur de Chaville, Villacoublay, Viroflay et la Ferté-Gaucher, conseiller du Roi en tous ses conseils, secrétaire d'État et des commandements de Sa Majesté, et dame Élisabeth Turpin.

« Lesquels voulant établir quelque chose de stable pour le bien des habitants de Chaville, et procurer qu'elle soit desservie pour leur instruction et édification, afin qu'ils soient secourus dans leurs besoins spirituels et même dans leurs maladies pour les pauvres, le tout pour la plus grande gloire de Dieu ;

« Ont, pour y parvenir, fondé par ces présentes un vicaire pour ladite paroisse, à perpétuité, qui sera prestre et nommé par les seigneurs dudit Chaville et destituable par eux, à la charge d'en nommer incessamment un autre, lequel vicaire célébrera la sainte Messe à l'intention desdits seigneurs et dame Le Tellier, tous les jours de l'année, dans l'église de la dite paroisse, excepté qu'il la célébrera dans la chapelle du château lorsque les seigneurs dudit Chaville y étant le désireront, qu'il instruira les enfants masles des dits Chaville et Viroflay, et pour cet effet tiendra école pour leur apprendre à lire, fera le catéchisme tous les dimanches et festes après vespres dans ladite église dudit Chaville, assistera et aidera le sieur curé dans les fonctions de l'église, ainsi que les autres vicaires, ... auquel vicaire sera payé par chacun an de quartier en quartier et par avance 430 livres sur ses quittances à prendre sur les revenus de ladite terre de Chaville;..... pour le temps qui se passera depuis le temps de la destitution ou la mort dudit vicaire jusqu'à la nomination et établissement d'un autre, lesdits 430 livres appartiendront à l'Hôtel-Dieu de Paris, afin d'obliger les seigneurs dudit Chaville à remplir la place dudit vicaire incessamment..... et si, par la suite des temps, il arrive que les choses augmentent de prix par la cherté ou autrement, lesdits seigneur et dame fondateurs veulent que lesdits 430 livres soient augmentées à proportion pour fournir à la nourriture et entretien dudit vicaire honnêtement..... et d'autant que ladite place dudit vicaire est à présent remplie par maître François Du Tailly, personne de sçavoir et de mérite dont la probité est reconnue desdits seigneur et dame et de toute ladite paroisse, ils entendent qu'il ne pourra être dépossédé pendant sa vie, et pour autant de temps qu'il voudra bien desservir ledit vicariat.

« Et aussi lesdits seigneur et dame Le Tellier fondent par ces présentes à perpétuité la place de deux filles d'école instituées par la maison de Saint-Lazare de Paris pour l'assistance des pauvres malades de ladite paroisse de Chaville et Viroflay, lesquelles filles seront logées dans le logement où elles sont à présent, tant qu'il subsistera, et après en tel autre qui sera trouvé à propos, à chacune desquelles sera paié par chacun an, par quartier et par avance 150 livres pour leur nourriture, entretien, chauffage et toute autre chose..... lesquelles deux filles instruiront les filles dudit Chaville et Viroflay, leur apprendront à lire et à travailler, à coudre, et assisteront les malades de leurs peines et soins et privativement à tous autres les pauvres desdits lieux.

« Plus lesdits seigneur et dame Le Tellier, pour indemniser ledit sieur curé de Chaville et ses successeurs à l'avenir du préjudice qui leur est fait pour avoir enfermé dans les parcs dudit Chaville des terres sujettes à dixme qui sont à présent en bois, et qui pourront encore en enfermer d'autres, et aussi afin que lesdits sieurs curés ne puissent avoir ni prétendre au-

cunes dixmes dans lesdits parcs à présent ni à l'avenir en
façon quelconque, et encore pour indemniser ladite cure de
dix perches de terre du jardin du presbytère qui sont entrées
dans le nouveau et petit parc, et aussi de ce qu'il conviendra
prendre dudit presbytère pour faire une chapelle d'augmentation en ladite église dudit Chaville de trois toises en quarré,
lesdits seigneur et dame Le Tellier donnent par ces présentes
à ladite cure, promettent et s'obligent pour eux et leurs successeurs dudit Chaville et leurs aïant cause à l'avenir de païer
par chacun an deux cents livres à maître François Niquet, à
présent curé dudit Chaville et à ses successeurs à perpétuité.....
à la charge aussi que lesdits curés laisseront pour toujours
audit vicaire le logement qu'il occupe à présent et le cellier
qui est dessous dépendant et étant dudit presbytère, lequel
logement lesdits seigneur et dame et leurs successeurs seront
tenus d'entretenir de toute réparation. Plus lesdits sieurs curés
à perpétuité diront une messe par semaine pour lesdits seigneur et dame Le Tellier et leurs successeurs et feront prier
aux grandes fêtes solennelles pour lesdits seigneur et dame
Le Tellier aussi à perpétuité..... et encore la donation desdits
deux cents livres faits pour servir de supplément à la somme
qui a été léguée par défunt Messire Michel Le Tellier, vivant
seigneur dudit Chaville, conseiller du Roy en ses conseils,
maître ordinaire en la Chambre des comptes, aïeul dudit seigneur LeTellier pour une messe par chacune semaine.....
Et enfin lesdits seigneur et dame Le Tellier voulant contribuer pour l'entretien des ornements nécessaires pour ladite
église et se décharger et leurs successeurs pour toujours de sept
livres onze sols qu'ils doivent à ladite fabrique à cause des
acquisitions qu'ils ont faites de divers particuliers donnent
pareillement par ces présentes à la fabrique de ladite paroisse de Chaville cent livres de rente non racheptables à prendre sur lesdits revenus de ladite terre de Chaville.

« Fait par devant Nicolas Symonet et Phillippe Gallois,
notaires gardes-notes du Roy notre Sire au Châtelet de Paris,
le 14 septembre 1670. »

(Arch. nat., O¹ 3868.)

N° 6.

Donation faite par Michel Le Tellier à la cure de Chaville.

Par devant les notaires garde nottes du Roy nostre Sire au chastelet de Paris soussignés, fut présent Très Haut et puissant Seigneur messire Michel Le Tellier chevalier, marquis de Barbezieux, chancelier de France, demeurant à Paris, rue des Francs-Bourgeois, paroisse Saint-Gervais, lequel bien mémoratif que par contrat du 14 septembre 1670 passé devant Galloys et son confrère, notaires au chastelet de Paris, il avait pour tenir lieu d'indemnité aux sieurs curés de la terre seigneurie et paroisse de Chaville de ce qu'il a fait enfermer dans les parcs dudit Chaville des terres subjectes à dixmes dans lesquels parcs lesdits curés ne peuvent prétendre aucune dixme, donné deux cents livres de rente par chacun an à prendre par lesdits curés sur les revenus de ladite terre de Chaville aux conditions convenues par ledit contrat qui porte que ledit sieur pourra encore enfermer d'autres terres dans lesdits parcs, ce que mon dit seigneur a fait, ayant depuis peu enfermé quelques héritages dans lesdits parcs, et voulant continuer de traiter honorablement Mre François Niquet, à présent curé dudit Chaville, et ses successeurs curés. Il a promis et promet par ces présentes de leur payer par chacun an cent livres de rente non racheptable aux quatre quartiers à commencer du premier janvier prochain et continuer à toujours à perpétuité à prendre sur les revenus de ladite terre de

Chaville que mon dit seigneur y oblige et ypothèque à cet effet par les mains finances à recouvrer et sous les quittances dudit sieur Niquet curé et ses successeurs à l'advenir. Et aussi mon dit seigneur chancelier y oblige et hipotèque tous et chacun ses autres biens meubles et immeubles présents et advenir, ce qui a été accepté par ledit sieur Niquet curé estant de présent à Paris promettant obligeant renonçant. Fait et passé à Paris en l'hostel de mondit seigneur chancelier le 27ᵉ jour de Décembre avant midy l'an 1678, et ont signé la minutte des présentes. GALLOYS. SYMONXET.

(Arch. nat., O¹ 3868.)

Donation faite par dame Élisabeth Turpin,
veuve de Michel Le Tellier, chancelier de France,

« Par devant les notaires garde nottes du Roy au Chastelet
de Paris soussignés fut présente très haute et puissante Dame
Élisabeth Turpin, veuve de très haut et puissant Seigneur
messire Michel Le Tellier, chevalier, chancelier de France,
seigneur de Chaville, Viroflay et Villacoublay, demeurant en
son hôtel à Paris, rue des Francs-Bourgeois, paroisse Saint
Gervais, étant depuis en son château dudit Chaville, laquelle
dame meue de charité envers la paroisse dudit Chaville voulant augmenter le revenu de la cure afin que le sieur curé
ayant plus de commodité la desserve à l'edification des paroissiens et contribue exactement à leur salut par son assiduité;
c'est pourquoi ladite dame a désiré y pourvoir par une fondation qu'elle fait par ces présentes de deux cents livres de
rente et revenu annuel a perpétuité par augmentation au revenu de ladite cure de Chaville et pour être payée par chacun an de six mois en six mois à commencer du premier
jour d'Octobre prochain dont les premiers six mois écherront
le dernier jour de mars de l'année prochaine mil six cent
quatre vingt sept, à messire François Niquet, à présent curé
dudit Chaville et à ses successeurs curés à perpétuité par les
fermiers receveurs ou autres qui auront le soin de la recepte
des revenus dudit Chaville à prendre sur lesdits revenus de ladite terre de Chaville que ladite dame fondatrice affecte oblige

et ypothèque à cet effet audit payement et y ypothéquant aussy le fond en propriété de ladite terre pour la garentie à perpétuité de ladite fondation qui a été ainsi fait en augmentation des revenus de ladite cure et à la charge que ledit sieur curé et ses successeurs curés dudit Chaville seront tenus de dire et célébrer en ladite église tous les premiers dimanches du mois un salut en l'honneur de la sainte Vierge et pour la dévotion de son saint Rozaire assisté de ses ecclésiastiques avec la procession selon l'usage qui se pratique et après un *De profundis* et encore pendant la vie de ladite dame un *Pater* et un *Ave,* et aussi de dire pendant les cinq féries de l'Octave du Saint-Sacrement un Salut et fournir le luminaire et choses nécessaires comme il se pratique pour les autres trois saluts des festes et pour cet effet lesdits sieurs curés seront tenus de fournir le luminaire honeste les ornemens et autres choses nécessaires à leurs frais, et encore d'annoncer au prosne de chacun dimanche de prier Dieu pour l'âme de défunt monseigneur Chancelier et à son intention dire un *De profnndis* et l'oraison propre et à l'intention de ma dite dame *Pater noster* et après son décès *De profundis* et ainsy continuer à perpétuité. Ce que dessus accepté par ledit sieur Niquet curé présent pour luy et ses successeurs, promettant de satisfaire à l'intention de ladite dame et la remerciant pour luy et ses successeurs... Fait et passé audit château de Chaville le cinquième jour d'aoust après-midy l'an mil six cent quatre vingt six et ont signé la minute des présentes. Galloys notaire. »

Signé : GALLOYS.

(Arch. nat., O¹ 3868.)

Donation de Louis XIV.

Aujourd'huy vingt septième décembre mil six cent quatre vingt six, Le Roy estant à Versailles, voulant contribuer à l'augmentation du revenu de la Cure et de la Fabrique de l'Église parroissiale de Chaville, Sa Majesté a accordé et fait don au Curé de ladite Eglise et à ses successeurs en ladite Cure, ensemble à ladite Fabrique, de neuf arpens et demy de terre acquis de ses deniers, situez le long du nouveau chemin de Seve, a commencer près le parc de Chaville jusqu'à l'entrée du village de Sève, a prendre a douze pieds du bord du pavé dudit nouveau chemin jusques à deux pieds au-dessus de l'ouverture de la rigolle qui a esté faite pour empescher les eaux qui descendent de la coste d'endommager le pavé; pour le revenu desdits neuf arpens et demy estre partagé en deux portions, dont l'une appartiendra audit Curé et à ses successeurs en ladite Cure, et l'autre à la Fabrique de ladite Eglise, a condition d'entretenir à frais communs le fossé pour la descharge des Eaux, et de laisser dans chaque distance de deux cens toises un sentier de neuf pieds de large au travers de ladite pièce de terre et fossé de descharge pour la commodité publique, M'ayant Sa Majesté commandé d'expédier à cet effet toutes lettres nécessaires, en vertu du présent brevet qu'Elle a pour assurance de sa volonté signé de Sa main et fait contresigner par moy Conseiller Secretaire d'Estat et de ses commandements et finances. »

Louis.

Colbert.

(Arch. paroiss.)

Déclaration des biens et revenus de la cure de Notre-Dame de Chaville, pour satisfaire aux Décrets de l'Assemblée nationale du 13 novembre dernier, le 5 février 1790.

Les terres attachées à la cure sont 1° un jardin d'environ un demi-arpent attenant à la maison presbytérale.

2° Le terrain appelé Rigoles, consistant en une lisière fort étroite bordant la grande route, l'espace d'une demi-lieue, depuis les premières maisons de Chaville jusqu'à Sèvres, était d'abord de neuf arpents et demi et fut accordé à la cure et fabrique du lieu par indivis par un brevet de don du Roy, du 27 décembre 1686, à la charge d'entretenir une rigole pour recevoir les eaux de la côte. Les officiers des Ponts et Chaussées ont fait entrer environ la moitié de ce terrain dans l'élargissement de la route, il y a environ cinquante ans, et le surplus a été donné à rente à différents particuliers, et procure, chaque année, à l'un et à l'autre environ 250 livres.

3° Six arpents soixante-neuf perches en terres labourables dépendant de la chapelle Saint-Vincent de Villepreux unie à la cure le 4 mai 1670. Ces terres ont été données à ferme au nommé Noël Brunot, laboureur audit Villepreux, par bail du 17 décembre 1783, moyennant le prix de 180 livres. Le titulaire est chargé d'acquitter douze messes par an pour les fondateurs. Les autres revenus de la cure consistent en rente, comme il suit :

1° De la somme de 141 livres 17 sols sur les Aides et Gabelles pour indemnité des terres de ladite chapelle enfermée dans le parc de Versailles par contrat par devant Buissette, notaire à Paris, le 21 avril 1714, suivant la réduction au denier quarante, le 12 août 1720;

2° De la somme de 84 livres 18 sols sur les domaines de la généralité de Paris pour supplément de la réduction au denier quarante de la rente de l'autre part par lettres patentes sur arrêt données à Marly le 28 juin 1729, enregistrées en la Chambre des Comptes le 14 octobre audit an.

3° De la somme de 509 livres sur les domaines de Meudon, tant pour indemnités de dîmes des terres enfermées dans le parc, d'une partie du jardin presbytéral, ou démembrement du presbytère pour former le vicariat que pour fondation de deux messes par semaine, de saluts les cinq féries de l'octave du Saint-Sacrement et le premier dimanche de chaque mois, auxquels le curé doit fournir le luminaire; item pour fondation de prières tous les dimanches et fêtes solennels, suivant trois contrats passés devant Gallois, notaire à Paris, le 14 septembre 1670, 27 décembre 1686 et 5 août 1686;

4° De la somme de 115 livres 15 sols à recevoir de la fabrique pour l'acquit de 104 messes, trois saluts du Saint Sacrement, prières aux grandes fêtes, et fournir le pain et le vin à l'autel dans le cours de l'année.

La dixme perçue jusqu'ici sur le territoire peut s'estimer année commune à la somme de 700 livres. Le casuel peut avoir produit chaque année 230 livres.

Nous soussignés, maire et officiers municipaux de la paroisse de Chaville, certifions les revenus ci-dessus conformes à l'état envoyé à l'Assemblée nationale et affiché à la porte de l'église à Chaville le 28 août 1790.

Ont signé : BEAUVAIS, LORAISSE, DAUBÉMONT, LEFÈVRE, HINAULT, *secrétaire*, LAROQUE, *maire* (1).

(1) Arch. de la Préfecture de Versailles.

Donation de Louis XIV au curé de Chaville.
Chapelle Saint-Vincent de Villepreux.

« Louis, par la grâce de Dieu Roy de France et de Navarre, au bailly de . . . . ou son lieutenant conseiller du siège, magistrat royal, nottaire royal ou appostolique docteur ou gradué sur ce requis, salut, ayant esté bien informez de la suffisance cappacité intégrité et bonnes mœurs de M. François Niquet, pretre du diocèse d'Amiens, et des autres bonnes et vertueuses qualitez qui sont en sa personne, à iceluy pour ces causes avons donné et conféré, donnons et conférons par ces présentes signées de nostre main la chappelle fondée et desservie au bourg de Villepreux, diocèze de Paris, vaccant par le décez de Guillaume Baron dernier titulaire d'icelle, dont la collation et toute autre disposition nous appartient à cause de la régalle ouverte en l'archevesché de Paris, pour ladite chappelle avoir, tenir et doresnavant desservir et jouir et uzer par led. Niquet aux honneur et auctoritez presrogatives droictz fruictz prroffictz revenus et esmolumans y appartenant tels et semblables dont a jouy ou devait jouir ledit Baron, ci vous mandons et ordonnons que ledit Niquet ou procureur pour luy vous mettiez et installiez ou fassiez mettre et installer de par nous en possession et saisie de ladite chappelle, et d'icelle ensemble et tout le contenu cy-dessus le fassiez souffriez et laissiez jouir et uzer plaineman et paisibleman, cessans et faisans cesser tous troubles et empeschemans au contraire, car tel est notre plaisir. Donné à Paris le 13 janvier, l'an de grâce 1658, et de notre règne le quinzième.

Louis.

Par le Roy

(Arch. paroiss.)

DE GUENEGAUD.

Statuts et Règlemens de la Confrérie du Rosaire érigée en l'église paroissiale de Chaville, diocèse de Paris.

La Confrérie ou Association sera et demeurera toujours sous la dépendance et en l'entière disposition de Monseigneur l'Archevêque et de ses successeurs.

Toutes personnes de l'un et l'autre sexe faisant profession de la religion catholique, apostolique et romaine estant de bonnes vie et mœurs pourront estre reçues dans la dite association et admises entre les confrères.

Le S. Curé en aura la conduite et dira ou fera dire les messes et les autres fonctions ecclésiastiques de la dite Confrérie.

Tous les ans, le jour de la Conception de la sainte Vierge ou le dimanche suivant se fera l'élection d'un administrateur et maistre de la dite Confrérie, lequel gardera les registres où seront écrits tant les noms et surnoms des confrères que les délibérations prises pour le gouvernement de la dite Confrérie et généralement tout ce qui en concerne l'administration.

Ledit maistre et administrateur sera élu pour la première fois par le S. Curé du consentement des confrères et tous les ans par le dit Curé et les anciens administrateurs à la pluralité des voix.

Le dit S. Curé et les administrateurs en charge et hors de charge auront seuls voix délibérative dans les dites élections et dans les conférences qu'ils auront pour le maintien de la dite confrérie et pour aviser aux moyens de la faire subsister dans l'ordre établi.

Chaque confrère sera obligé de se confesser et de communier le jour de son entrée en la dite confrérie et de faire la même chose les principales festes de la Sainte Vierge.

S'il arrive que quelqu'un des confrères tombe malade et en danger de sa vie il le fera scavoir à l'administrateur qui aura soin d'avertir les confrères de prier Dieu pour luy. Il fera aussy scavoir aux confrères lorsqu'on portera le S.-Sacrement aux malades de la confrérie afin que chacun l'accompagne et se rende à l'heure qu'on aura choisie pour ce sujet.

Après le décès d'un des confrères le curé donnera jour pour célébrer un service qui se fera aux dépens de la Confrérie pour le repos de l'âme du défunct et chacun fera son possible pour y assister.

Les confrères seront obligés de prier Dieu une fois le jour pour les besoins les uns des autres afin d'estre plus parfaitement unis par ces liens de charité.

L'administrateur sortant de charge sera tenu de rendre compte des deniers par luy reçus et de l'employ qu'il en aura fait et le compte sera rendu un mois au plus tard après sa démission par devant le curé et les autres administrateurs anciens et nouveau.

Ne pourra, celuy qui sera en charge employer ny aliéner l'argent des aumônes et autres biens de ladite Confrérie en dépenses extraordinaires sans avoir au préalable pris l'avis des sus nommés.

Ceux qui s'associent doivent le jour de leur entrée aumosner à la dite Confrérie selon leur dévotion et seront néanmoins exhortés de contribuer le plus qu'ils pourront par leurs aumônes aux frais qu'il est nécessaire de faire pour l'acquit des charges de la Confrérie.

S'il arrive que quelqu'un des confrères tombe dans une extrême pauvreté il sera secouru par la Confrérie du Conseil cy-dessus et les confrères seront exhortés de l'assister en leur particulier.

Toutes beuvettes sont interdites aux confrères qui ne pourront faire aucuns festins aux dépens de lad. Confrérie lesd. repas estant absolument défendus par les présens statuts lesquels seront lus publiquement au moins une fois l'année dans l'assemblée ordinaire de l'élection de l'administrateur.

FRANÇOIS par la grâce de Dieu et du Saint-Siège Apostolique archevesque de Paris duc et pair de France Commandeur de l'Ordre du Roy veu par Nous les présens statuts et réglemens de la Confrérie du Rosaire érigée de l'Eglise paroissiale de Chaville nous avons iceux approuvé et confirmé affirmant et confirmant par ces présentes pour estre pratiqués par les confrères de la dite confrérie en leur forme et teneur. — Donné à Conflans le vingt septième Octobre mil six cens quatre vingt dix.

† FRANÇOIS, Archevesque de Paris

Par Monseigneur

I. WILBAULT.

A ce règlement est joint sur parchemin un brevet d'érection conçu en ces termes :

« Franciscus miseratione divina et S* Sedis Apostolicæ gratia archiepiscopus parisiensis, dux et par Franciæ, regiorum Ordinum commendator, Rector parochialis Ecclesiæ beatæ Mariæ de Chaville nostræ diœcesis, necnon ejusdem parochiæ ædituj et incolæ nobis exposuerunt libello supplice pro sua erga B. Virginem Mariam singulari pietate et observantia toto animo exoptare confraternitatem Rosarii in honorem ejusdem B^mæ Virginis in dicta Ecclesia erigi et creari creatam vero celebrare et solemnisare ac in ea more aliarum confraternitatum hujusmodi quæ in hac nostra diocæsi creatæ sunt divina officia diebus festis ejusdem Beatæ Virginis et aliis diebus solitis peragere, nos propterea enixe rogantes ut ipsam confraternitatem Rosarii instituere vellemus et dignaremur, Nos igitur optimum laudantes eorum propositum piaque volentes animi sollicitudine ut in dies erga B. Virginem Mariam augeatur cultus ut ipsi in posterum singulis anni dictis diebus convenire ibidemque divina officia celebrare privilegiorum et indulgentiarum quæ confratribus ejusdem confraternitatis hactenus sunt concessæ seu posthac concedentur fructum percipere, eamdemque tam in dicta parochiali Ecclesia quam in aliis hujus diocæsis palam indicere necnon utriusque sexus Christifideles in eam confraternitatem et scribere possint facultatem impertimus per præsentes ea tamen lege ut statutis nostris synodalibus de confraternitatibus dirigendis accurate obtemperent; cautum sit autem hisce nostris præsentibus litteris ut bona piis legatis donata eidemque confraternitati attributa et addicta a propositis seu superioribus ordinis prædicatorum in aliam non transferantur Ecclesiam etiamsi conventus aliquis ejusdem ordinis intra limites ejusdem parochialis Ecclesiæ in posterum erigatur nec ulli ordinis Religiosi ab ipsis dominicanis confessionibus confratrum audiendis proficiantur. — Datum Parisiis anno Domini millesimo sexcentesimo octogesimo sexto, die vero duodecima Octobris.

† Franciscus, Archiepiscopus parisiensis.

De mandato Ill. et R^{mi} D. D.

J. Wilbault.

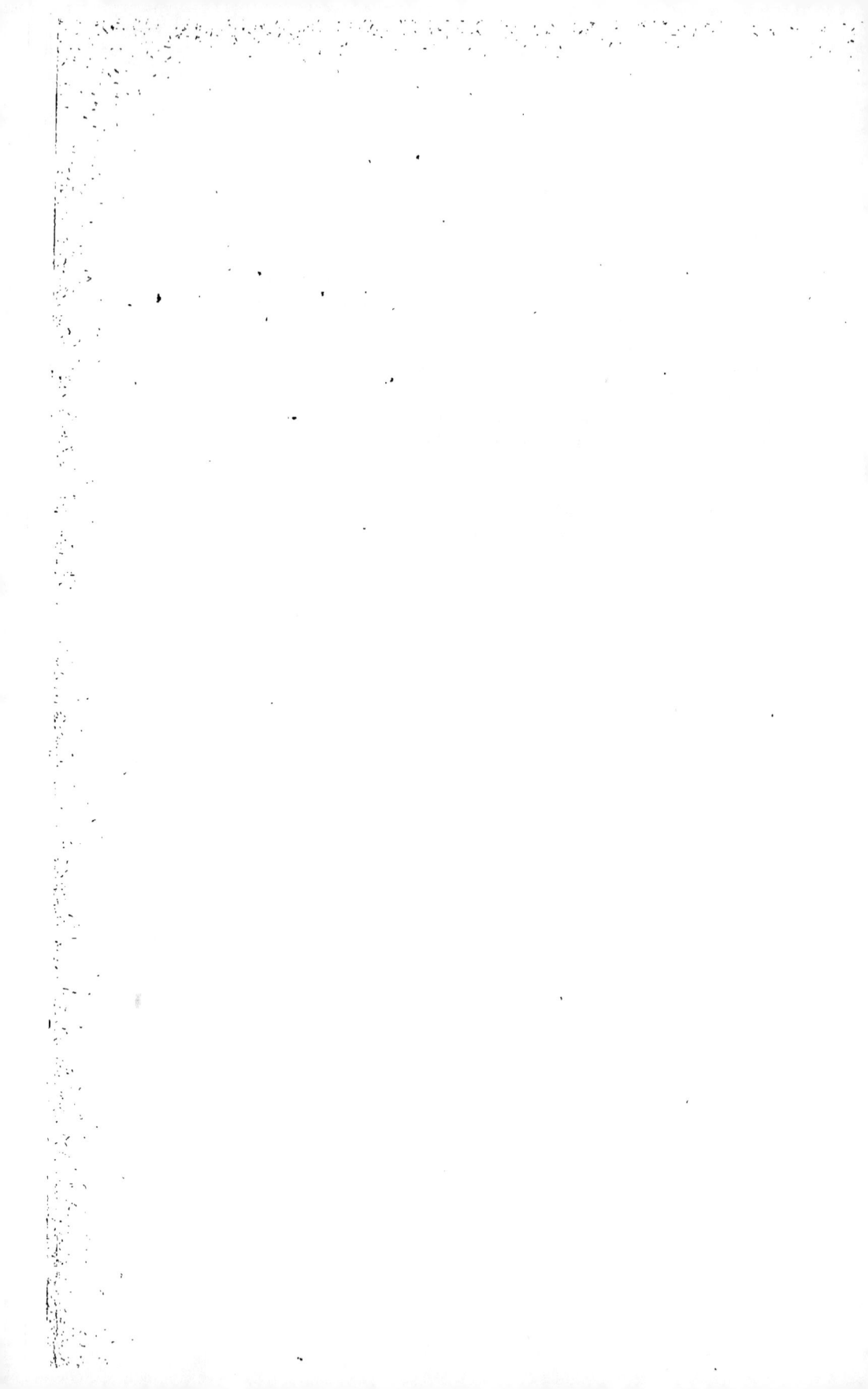

TABLE DES GRAVURES

Notre-Dame du Bon Repos......................... Couverture.

1. Portrait de Michel Le Tellier, chancelier de France, seigneur de Chaville............................ Frontispice.
2. Vue et perspective du château........................ 17
3. Vue du château : entrée principale.................... 33
4. Vue du château : façade sur les jardins................ 49
5. Les cascades...................................... 57
6. Berceau de treillage................................ 65
7. Les armes de Michel Le Tellier, pierre du XVIIe siècle.... 72
8. La fontaine de l'Isle............................... 81
9. Les petites cascades................................ 81
10. Tombeau de Michel Le Tellier, à Saint-Gervais......... 89
11. Plan des parcs de Chaville et Ursines. (Décembre 1695).. 97
12. Plan du jardin de Chaville. (Janvier 1696)............. 105
13. Carte générale des parcs et jardins................... 113
14. La fausse porte.................................... 121
15. Brevet de Louis XIV à la cure et fabrique, avec signatures autographes de Louis XIV et de Colbert........ 129
16. Les glacières..................................... 169

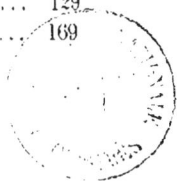

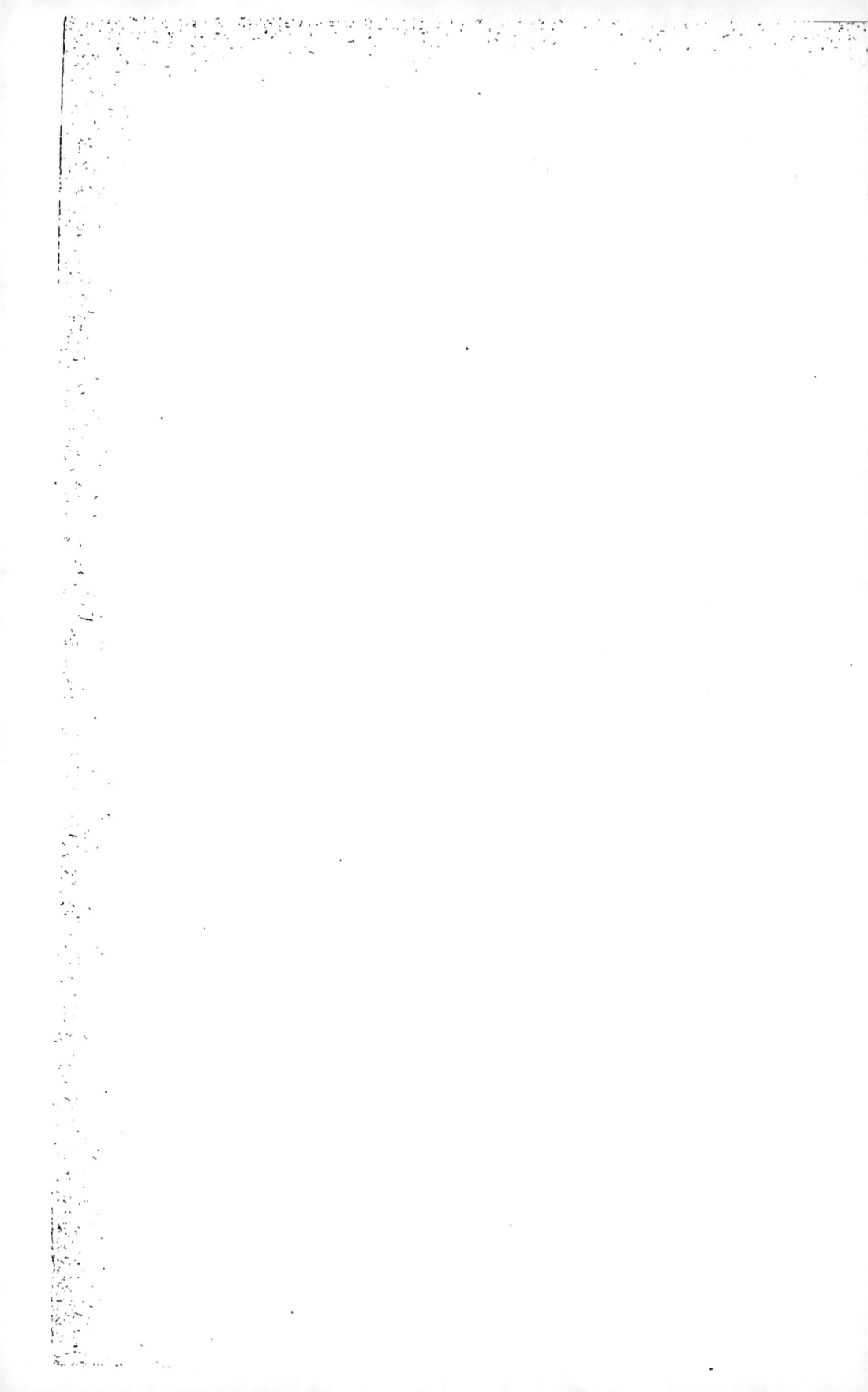

TABLE

DES NOMS DE PERSONNES ET DE LIEUX
CONTENUS DANS CE VOLUME

A

Abbey, 143.
Agy, curé, 176.
Ancourt, curé, 144, 176.
Angoulême (duc d'), 22.
Apert, 157.
Arcy (bois d'), 22.
Armand, curé, 175.
Arrou, 132.
Asile, 149.
Aulnay-lès-Bondy, 159.
Avoine, 93.
Aymery (Adam), 3, 24, 29.
Aymery (Charlotte), 46.
Aymery (Françoise), 38.
Aymery (Jean), 31.
Aymery (Michelle), 30.
Aymery (Pierre), 22, 32.

B

Bailly (V⁰ᵉ), 95.
Ballue (Nicolas), 21.
Baron, 193.

Barrier (Pierre), 88, 96, 159.
Baudouin, vicaire, 177.
Bayard, 159.
Bayeux, 21.
Beaumont (de), 125.
Beauvais (V⁰ᵉ), 112.
Beauvais (J.-B.), 86.
Beauvais (Toussaint), 48.
Beauval, curé, 175.
Beguin (Antoine), 137.
Bellefaye (Jeanne de), 24.
Bereaux (André), 101.
Bergerac, 21.
Bertrand (Marguerite).
Binder, curé, 176.
Blondeau, 161.
Bonnard, vicaire, 177.
Bonnet, vicaire, 177.
Boudeville, 80.
Boudin, 74.
Bourgeois, 61.
Brallet, curé, 176.
Brancas (duc de), 74.
Braques, 27.
Breton (Germain), 87, 104.
Breton (Jean), 101.

Breton (Pierre), 106.
Briçonnet (Françoise), 46, 165.
Broutin, vicaire, 177.
Brunot (Noël), 191.
Bruyant (Robert), 21.
Bureau (Jean), 20.
Burelle (Philippe), 21.
Buisson (Denis).
Bunout (Jacques), 134, 141.

C

Carret (Gilbert), 101.
Cassagnet (Gabriel de), 44.
Castel-Marin, 88.
Cazalot, 79.
Cazé, curé, 176.
Célestins (religieux), 24, 35, 37, 164.
Chabert-Delaure, 46.
Chailland (Étienne), 36.
Chailland (Louis de), 14, 163.
Chambaudoin (de), 135.
Chamflour (Emmanuel), 158.
Chamflour (Gérard), 135.
Champville (Nicolas de), 10.
Charmat de la Gaîté, 159.
Châteaufort, 3, 16, 22, 23, 29, 37, 135.
Chaudier, 79.
Chaumart, 153.
Chauvel, 160.
Chassonin (Jean), 27.
Chassonin (Pierre), 27.
Chauvelin (Claude), 44.
Chazelle, 176.
Chazenave (de), 79.
Chevalier (Germain), 101.
Chevreuse, 1.
Clamart, 9.
Clayes, 135.
Clerc (Jean le).

Colbert, 44.
Colombe, curé, 175.
Coqueret, 107.
Coqueret (Thérèse), 166.
Corval, curé, 137, 175.
Cossette, curé, 174.
Courcelles (Jean de), 142.
Courot, 78, 80, 144.
Creil (Jeanne de), 37.
Crespinet (Jean), 25, 27.
Crespinet (Roger), 32.
Croustebault (Jean), 28.

D

Dada (Amable), 101.
Dada (André), 159.
Dada (Antoine), 88, 134.
Dada (Jacques), 87, 155.
Dada (Jean), 102, 109.
Danet (Anne), 157.
Dany, curé, 176.
Dassé, curé, 176.
Daubémont (Jacques), 101.
Dauphin (François), 88, 101.
David (Eugène), 87.
David (Jean), 27.
Décourty, vicaire, 177.
Deforgeron (Charles), 165.
Delaporte (Jean), 76.
Delestre (Jean), 28.
Deloraille (Jean), 86.
Dequatre (Jacques), 94.
Deschamps (Vve), 135.
Desforges (Jean), 101.
Desplasses (Alfred), 144, 149.
Disson, curé, 174.
Doublémont (Jacques), 86, 95.
Drappier, 144.
Dreux (de), 143.
Drouard (Pierre), 31.

Drouat, 145.
Dubuisson, 144.
Dupont, curé, 175.
Dupré (Anne), 32, 35.
Duval (Jean), 26.

E

Écoles, 152.
Eguin (Jacques), 101.
Estre (Michel de l'), 26.

F

Ferrières-en-Brie, 24, 29.
Feuillet (Philippe), 76.
Fourchon, 80, 83, 144, 145.
Fortier (François), 106.
Fremin (Jacques), 76, 157.
Freugie (François), 87.
Froger (Jean), 101.

G

Gaillon, 31, 45.
Gallet, 144.
Gallu (François), 135.
Garnier, 86.
Gauffre (M. le), 6.
Gaulard, 146.
Gauphiné (Jacques), 145.
Gauthier de Chaville, 13.
Gautier, curé, 137, 174.
Genty (Pierre), 87, 111.
Georges, curé, 86, 93, 137, 175.
Gif (Alix de), 10.
Gif (Isabelle de), 10.
Gilloire (François), 106.
Gonet (Jean), 88.
Goret, 106.

Goulard, 45.
Gouly (Marie-Benoît), 76.
Goux, évêque, 144.
Grignon, 100.
Guibert de Chaville, 10.
Guillaume (André), 62.
Guillaume, curé, 124, 174.
Guilléminot, 144.
Guyon (Nicolas), 25.

H

Hallay-Coëtquen, 83.
Hallenault, 22, 23, 38.
Harfleur, 21.
Harlay, archevêque de Paris (de), 149.
Hasse (Jean de), 15.
Hausmann, 5.
Hébert, 144.
Hellard (Henri), 27.
Hennequin (Nicolas), 27, 163.
Hinault (Jean-Baptiste), 88.
Hochecorne (Guillaume), 25.
Hospice, 154.
Hôtel-Dieu de Paris, 9, 12, 13, 16, 19, 28, 32, 46, 47, 48.
Huet, 76.

I

Igny, 139.
Inchadus, évêque, 1.
Issy, 1.

J

Jardinier (Jean le), 135.
Jeuneau (Jean), 28.
Joriac (Adam), 15.
Joubain (François), 166.
Jouy-en-Josas, 1, 29.

Juigné, archevêque de Paris (de), 146.

K

Kern, 144.

L

Laborne (Edme), 136.
La Coste (Denis), 136.
Lainé (Étienne), 101.
Langlois, curé, 125, 174.
Laroque (Achille), 86, 105.
Lasne (Jehan), 15, 16, 163.
Lauseurre, 139.
Laval (Mlle), 134.
Lebrun (André), 106.
Leclerc (Claude), 37, 163.
Leclerc (Jean), 48.
Leconte (Philippe), 101.
Lefebvre, 83.
Leféron, curé, 176.
Lefèvre (Louis), 101.
Lefèvre (Pierre), 86
Le Herre, vicaire, 177.
Lelarge, 144.
Le Loutre (Jean-Baptiste), 87.
Le Loutre (Jérôme), 88.
Lépine (Jean), 87.
Lespine (Denis), 150.
Letellier, 37, 38, 41.
Lhuillier, curé, 175.
Limours, 109.
Locquet (Perrette), 37
Lommoye, 61.
Longueil (Charles de), 48.
Loraisse, 192.
Loubat, 143.
Louis XIV, 69, 128, 134, 190, 193.
Louis XVIII, 118.

Loustalet, vicaire, 177.
Louvet, curé, 176.
Louvois (marquis de), 67.
Lubin, curé, 174.
Lucas, curé, 26, 174.
Lyappre (Marceau), 25.

M

Mabile, évêque, 144, 160.
Maillard (Charlot), 26.
Maillard (Guillaume), 26.
Malaret (de), 5.
Manissé, curé, 115, 175.
Marcilly (Bernard de), 11.
Marin (François), 88, 134.
Marin (Jean), 134.
Marius (Catherine de), 165.
Marmo, 83.
Martiniera (Pierre de), 10.
Mascotte (Pétronille la), 16, 163.
Masson (Joseph), 106.
Maurot (Jean), 101.
Ménager (Jean), 102, 112.
Metcalfe, curé, 19, 144, 149, 160, 176.
Meudon (Capucins)
Meudon, 12, 71, 142, 167.
Mitry, 46.
Moinot, 131.
Montbray, 109.
Montfort-l'Amaury, 54.
Montreuil (Versailles), 125.
Morenne (Julien de), 28.
Morin (Anne), 136.
Morin (Jean), 101.
Moriset (Denis), 25.
Moriset (Guillaume), 27.
Moriset (Jean), 22, 25, 28.
Moriset (Marguerite), 48.
Moriset (Michel), 150.

Moriset (Olivier), 28.
Morizot (Pierre), 26.
Motey (Laurent), 106.
Mouchard (Jean), 142.
Moufle (Pierre), 86.

N

Nanterre, 151.
Nesme (Pierre), 28, 88.
Niquet, curé, 48, 135, 174.

O

Olivier, curé, 175.
Osanne, curé, 174.

P

Panis, 159.
Pateau dit Prudent, curé, 115, 175.
Patris, curé, 174.
Pelletier (Joseph), 101.
Péréfixe, archevêque (de), 135.
Perin (Claude), 87.
Personnier (Jean), 30.
Piccart (Loyse le), 29.
Picot (François), 36.
Pierre, 108.
Pigné (Jean), 32.
Pinaut (Michel), 61.
Planche (Anne de la), 31.
Plastrier (Pierre), 37.
Poiret (Jean Charles), 101.
Poiret (Jean Pierre), 101.
Pontoise, 21.
Porte (Charles de la), 30.
Pouange (Saint), 48-.
Poulet (Antoine), 135.
Prévost (M. Le), 80.
Prévost (Louis), 91.

Prunier, 164.

Q

Quinton, curé, 176.
Quinton, curé, 176.

R

Radulfus de Cativilla, 9.
Rateau Henri, 61.
Reginald, évêque, 124.
Repéraud (Marc), 43.
Ricqbour (Jean), 137.
Ridoux (Alfred), 144.
Rieussec, 79.
Rigault (Jean-Baptiste), 88.
Ringlet (Jean), 27.
Rivière (Jean), 28.
Robert, 142.
Robert (Charles), 144.
Roby (François), 104.
Roby (Nicolas), 101.
Rodot, 144.
Roger de Chaville, 9, 14, 163.
Rouge (Antoine le), 61.
Roussel (Blaise le), curé, 93, 99, 110, 172, 175.

S

Sainnet, 144.
Sallé, vicaire, 177.
Salle, vicaire, 87, 93, 177.
Salle (François), 87.
Salle (Jacques), 88.
Salle (Louis), 101.
Santerre, 95, 160.
Santeuil, 55.
Sarazin (Jean), 87.
Saugy, 61.
Saumier (Charles), 98.
Servais, curé, 175.

Sèvres, 15, 48, 91, 95, 100, 128, 142, 143, 148.
Sèvres (Gervais de), 11.
Société de secours mutuels, 119.
Sœurs de l'Assomption, 150.
Sœurs de Charité, 152.
Sœurs de Saint-Thomas-de-Villeneuve, 158.
Sully (de), 70, 167.
Sully (Eudes de), 9.
Surard (Charles), 132.
Surard (Étienne), 106.
Surard (Mathieu), 26.
Suresnes, 124.

SAINTS

Saint-Antoine (près Versailles), 151.
Saint-Cloud, 1, 61, 100, 148.
Saint-Eustache, église, 44.
Sainte-Geneviève de Paris, 151.
Saint-Gervais (église), 68.
Saint-Jean (Feu de la), 152.
Saint-Léger-en-Yvelines, 61.
Saint-Nicolas-des-Champs, 180.
Saint-Remy-les-Chevreuse, 136.
Saint-Victor (Abbaye de), 2.

T

Taffet, curé, 176.
Taillard, curé, 175.
Tailly (du), vicaire, 110, 177.
Talamon, 54, 83.
Talmont (prince de), 74.
Tellier (Charles le), 13, 61, 68, 126, 164, 178.
Tellier (François le), 43.
Tellier (Jacques le), 46, 126, 164.
Tellier (Michel le), 41, 43, 44, 126, 152, 154, 164, 183, 186.
Tellier (René le), 46, 126, 165.

Tessé (de), 74, 112.
Tilladet (de), 45.
Tilloy (du), curé, 175.
Tricadeau (Denis), 26.
Tricadeau (Antoine), 48.
Turpin (Élisabeth), 67, 127, 188.

U

Urbain V, pape, 15.
Ursines, 1, 2, 53, 71, 122.
Ussieux (d'), curé, 176.

V

Vailland Catherine, 43.
Val (Phelipot du), 26.
Vassot (Jean), 61.
Vautier, 165.
Vauvredon, 67.
Velisy, 1, 10, 53, 132.
Verlaines-sur-Seine, 159.
Verniaut, 132.
Versailles, 61, 136, 158.
Vézaut (Jean), 27.
Viel (Jehannin), 16, 163.
Vigny (Simon de), 37, 164.
Vignolles (de), 48.
Villacoublay, 48, 71.
Ville-d'Avray, 21, 24, 35, 151, 165.
Ville-d'Avray (Archembaudus de), 2.
Ville-d'Avray (Roger de), 2, 11.
Villepreux (Robert de), 11.
Villepreux, 22, 134, 136, 193.
Villeras, 29.
Vincent (Mathias), 87.
Viré (Jeanne la), 21.
Viroflay, 4, 5, 6, 15, 31, 46, 71, 131, 153, 154.
Vitte, évêque, 2.
Voisin (François), 76, 133, 134.
Vullenye (Denis), 23.

TABLE DES CHAPITRES

		Pages.
Chap. Ier. — Origine de Chaville		1

Chap. Ier. — Origine de Chaville.   1

Chap. II. — Chaville avant les Le Tellier.   9

Chap. III. — Chaville sous les Le Tellier.   41

Chap. IV. — Chaville après les Le Tellier.   73

Chap. V. — Chaville pendant la Révolution.   85

Chap. VI. — La paroisse : 1. Son érection.   123

     2. La chapelle Saint-Vincent.   134

     3. Le vicariat.   139

     4. L'église.   142

     5. Les écoles paroissiales.   152

     6. L'hospice.   154

     7. La communauté des Religieuses de Saint-Thomas de Villeneuve   158

     8. Notre-Dame du Bon Repos.   161

Appendice : Le Doisu.   163

        Pavillon de Sully.   167

Pièces justificatives.   171

Table des gravures   199

Table des noms de personnes et de lieux.   201

TYPOGRAPHIE FIRMIN-DIDOT ET Cⁱᵉ. — MESNIL (EURE). — 6496.